NHK BOOKS
1231

「人間国家」への改革

参加保障型の福祉社会をつくる

jinno naohiko
神野直彦

NHK出版

はじめに

本書は現状に異議を申し立てるというよりも、歴史への「参加」を呼びかけることを意図している。それは現在が社会の方向性と希望を喪失した時代だからである。

社会が方向性を見失い、希望を喪失してしまった危機に苦悩している現実は、社会の運営を市場に任せれば、良き社会が形成されるとして、ただひたすら経済成長を追い求めた結果である。市場は有効に機能したとしても、格差と貧困という不平等を生じさせ、人間の社会を磨り潰してしまうという致命的な欠陥がある。それだからこそ私たちは、民主主義にもとづいて運営される財政によって、所得再分配をして国民の生活を保障し、人間の社会を守っていく福祉国家を築いてきたはずである。

ところが、福祉国家が機能不全に陥ると、民主主義は市場を制御すべきではないという「小さな政府」論のもとに、市場のもたらす不平等と、民主主義の正義が求める平等とを調和させていた仕組みが、次々と取り外されていってしまう。そうなると、格差や貧困が溢れ出るばかりか、自然環境も破壊され、未来への希望も方向性も喪失してしまうことになる。

財政学の観点からすれば、市場は社会全体を構成する一つの要素である経済システムでしか機能しない。市場は社会を動かすエンジンの役割を果たさないといいかえてもよい。社会の方向性を決めるハンドルは、民主主義にもとづく政府が握っている。つまり、社会の方向性は国民の共同意思決定にもとづいて決定されるのである。

政府は市場を制御すべきではないという政策主張は、ハンドルから手を放してアクセルを吹かし続けろといっているにすぎない。結果は眼に見えている。クラッシュするしかない。

クラッシュを回避しようとすれば、ポスト福祉国家のヴィジョンつまり未来へのヴィジョンを描き、社会の方向性を定め、希望を取り戻すことだ。もちろん、その使命は政府にあり、民主主義にある。

本書では、ポスト福祉国家のヴィジョンを「人間国家」と名づけている。市場とは、人間を相互に「手段」だとみなす関係である。福祉国家が行き詰まってから、私たちは社会における人間関係を、人間を「手段」だとみなす市場での関係に置き換えようとしてきた。そのために喪失した人間の社会の方向性を取り戻すには、人間を相互に「目的」とする人間関係を再創造し、人間を解放しなければならないからである。

本書の第一章では、歴史の「峠」ともいうべき時代に生じている危機を克服するためには、社会システムが備えている「共生意識」を基盤に据えて、「人間国家」のヴィジョンを描く必要があることを示している。そうした「人間国家」は、重化学工業を基軸とした工業社会から、知識集約産業を基軸とする知識社会への経済システムの転換を推進していくことになる。

そのために社会の共同事業として、経済活動の前提条件である社会的インフラストラクチュアを、物的なそれから人的なそれへと張り替える必要がある。さらに現金給付を基軸とした生活保障の社会的セーフティネットは、現金給付から現物給付へとシフトさせた参加保障の社会的セーフティネットに張り替えられなければならないことを、第二章で説き明かしている。

このように社会的インフラストラクチュアと社会的セーフティネットを張り替えるためには、財政を有効に機能させなければならない。第三章では、そのためには所得税と消費税とを車の両輪とした基幹税を、環境関連税制や資産課税などで補完する租税制度を確立する必要性を訴えている。

もちろん、財政を有効に機能させるためにも、民主主義を活性化する必要がある。第四章では民主主義を活性化させるために、「参加」を保障するように政府体系を再編成するとともに、社会システムの再創造の上に、「人間国家」の「参加型」民主主義を築くシナリオを描いている。

最後に本書の終章では、「人間国家」が導く未来について展望している。

未来へのヴィジョンを描いて、ハンドルを操作していくのは、政府の使命である。社会全体の調整機能を市場に委ねようとすることは、政府の責任放棄である。

しかし、政府の決定の結果責任を引き受けるのは、国民一人ひとりであることを忘れてはならない。未来がいかなる社会になろうとも、それは国民の共同意思決定の結果だとして、国民一人ひとりが甘受しなければならないからである。

それゆえに、今こそ国民一人ひとりの歴史への「参加」が求められているといってよい。というよりも、未来へのヴィジョンが提示されていない今こそ、国民一人ひとりが未来へのヴィジョンを構想し、生活と未来を決定する権限を取り戻す絶好のチャンスだと考えたほうがよいかもしれない。

本書は国民一人ひとりが未来の社会を構想し、相互の討議を通じて近づき合い、その実現に向けて、行動を起こす手引きとなることを願ってまとめられている。ささやかでも本書が、国民の歴史への「参加」の導き星になることを祈るばかりである。

目次

校　閲　猪熊良子
ＤＴＰ　㈱ノムラ
著者写真撮影　尾崎　誠

第一章

歴史の「峠」に立ちて

一　危機を「理解」する

本質を焙り出す危機

暗黒は絶望を、光明は希望をもたらす。しかし、人間は絶望の暗黒のなかからでも、希望の光明を見い出そうとする稀代《きたい》な存在であることを忘れてはならない。

ライン川の川面から空高く聳《そび》え立つ大聖堂を抱くケルンは、甘く美しいドイツの大都市である。「ケルンの水」といえば、芳《かぐわ》しきオーデコロンのことである。そのケルンは第二次大戦中に壊滅的な爆撃を受けた。爆撃を受けたケルンの地下室の壁には、こんな言葉が書かれていたという。

わたしは日が照っていないときでも
　太陽の存在を信じます
愛を感じることができなくても
　愛の存在を信じます
神が沈黙しているときでも
　神の存在を信じます

（ヘレン・エクスレイ編『希望のことば』）

人間が絶望の淵からでも、神の恩寵《おんちょう》が失われていないと信じ、希望を見い出そうとするのは、夜明けの訪れない闇夜はなく、春は必ず巡り来るからだけではない。絶望へと追いやった危機が、必ず物事の本質を焙《あぶ》り出すからである。つまり、危機を克服し、希望の未来へと歩んでいく道案内が、危機それ自体に潜んでいるからでもある。

日本は二〇一一年三月一一日、東日本大震災という絶望の危機に襲われた。この東日本大震災の大津波が見せつけた過酷な現実を眼前にして日本国民は、人間の社会を形成するための三つの本質を学んだはずである。

第一は、人間の社会を形成するための価値体系の最上位には、人間の命が位置づけられなければならないという真理である。人間の社会を形成する上で最も重要な価値が、人間の生命であるという認識は、「生命意識」と呼ぶことができる。

第二は、人間の生命活動、つまり「生きる」ということは、「共《とも》」にするものだという真理である。これは人間の「生《せい》」は「共」にするものだという「共生意識」であり、「絆」とか「寄り添う」という言葉が語り継がれたことが、それを象徴している。

しかも、この「共生意識」は二つのレベルから構成されている。一つは人間と人間との「生」を「共」にする「共生意識」であり、もう一つは人間と生きとし生ける自然とが、「生」を「共」にするという「共生意識」である。

第三は、「参加意識」の自覚である。つまり、「生」を「共」にすることによって、人間の社会に生ずる共同の不幸や共同の困難に対して、これまでは傍観者として手を拱《こまね》いて見ていたけれども、その解決に社会の構成員として参加しなければならないという意識である。

日本国民は東日本大震災という惨劇から、こうした人間の社会を形成するための三つの本質を「理解」したはずである。「理解」するということは単に知識の集合を修得するということではない。知り得たことを、人間の「生」つまり「生きる」ということと結びつけて初めて、「理解」したということができる。というよりも、尊い生命を犠牲にして修得した真理を、人類の歴史に投企させることこそ、日本国民に与えられた歴史的使命なのである。

日本の課題

死んだ人々は、還《かえ》ってこない以上、
　生き残った人々は、何が判ればいい？
死んだ人々には、慨《なげ》く術《すべ》もない以上、
　生き残った人々は、誰のこと、何を、慨いたらいい？
死んだ人々は、もはや黙ってはいられぬ以上、
　生き残った人々は沈黙を守るべきなのか？

（『きけ　わだつみのこえ』四―五頁）

これは一九四三年にフランスで発行された詩集『詩人の光栄』に収められた詩人ジャン・タルジュー（Jean Tardieu）の短詩である。フランス文学者の渡辺一夫東京大学教授は、戦没学生の手記『きけ　わだつみのこえ』の旧版序文（感想）で、この詩を戦没学生に献《ささ》げている。この詩を私は、東日本大震災の犠牲者とともに、私の「生」を導いてくれた宇沢弘文先生の御霊《みたま》に献げなければならない。

宇沢先生は東日本大震災に襲われると、時を同じくして、脳梗塞で倒れられ、二〇一四年の夏が終わるとともに天に召された。私は茫然自失となった。生き残った私は、何をなすべきか苦悩した。私は宇沢先生からミッションを託されていたからである。

そのミッションとは、宇沢先生に指示された宇沢弘文・神野直彦編『日本の課題――Agenda for the Nation』全三巻の編集作業である。この全三巻の構成について、宇沢先生は既に作成され、私の手元に届けられていた。プロローグは宇沢先生が、エピローグは私が担当することになっていたけれども、宇沢先生はプロローグを完成させ、私の元に送られてきていたのである。

この『日本の課題――Agenda for the Nation』は、宇沢先生がケネディ政権のもとでの経験から温められていた構想で、宇沢先生の思想の集大成ともいうべき企画であった。宇沢先生はこの企画の趣旨説明を、「二〇世紀末から現在にかけて起りつつある経済的、社会的、文化的、政治的攪乱は世界全般に大きな影響を及ぼし、まさに地殻変動といってもよい混乱、混迷、そして変化をもたらしつつある。日本の場合、この影響は特に深刻で、広汎な範囲に及び、その社会的、経済的な変化の規模も大きく、その深刻さは明治以来もっとも厳しいものがあるといってもよい」という言葉をもって始められている。

しかし、宇沢先生はこうした危機の時代こそ、「制度的前提条件を大きく変え、日本経済の面だけでなく、自然、社会、文化すべての面で真の意味で豊かで、住みやすい国に変えるために、この上もない好機である」と主張されている。そのため宇沢先生は、この企画の第一巻のタイトルを、私の言葉をもって、「歴史の峠に立って」とつけられていた。峠を越えると、それまでとは相違する生活様式が眼の前に広がるように、危機という歴史の峠を越えると、まったく新しい時代の風景が繰り広げられるという思いが込められていたのである。

レールム・ノヴァルム

人間は自己の存在を、他者が自己の存在を認識することによってしか証明できない。そう考えると、自己が存在しなくても、他者が自己の存在を認識することによって、人間は存在することが可能となる。そうだとすれば、死者は記憶の世界で生き続けることができるはずである。

記憶のなかで生き続ける宇沢先生と、私は危機の克服を意欲する共同作業を継続しなければならない。もちろん、日本国民と共有している「生命意識」、「共生意識」、「参加意識」を胸に秘めながらである。

世界が危機的な状況に陥ると、ローマ法王は「レールム・ノヴァルム（Rerum Novarum）」を出す。「レールム・ノヴァルム」とは、ラテン語で「新しき事柄」あるいは「革新」という意味であり、世界のキリスト教徒や司教に示達《じたつ》される法王の回勅《かいちょく》（Encyclical）である。

一九九一年にローマ法王ヨハネ・パウロ二世は、一〇〇年振りに「レールム・ノヴァルム」を出すにあたって、どういう内容にするのかを、宇沢先生に相談されている。法王の「資本主義は信用してよいか（Is Capitalism All Right?）」という問いに対して、宇沢先生は「レールム・ノヴァルム」の主題を、「社会主義の弊害と資本主義の幻想」とするように提案し、それが受容される。

前回の「レールム・ノヴァルム」は、一八九一年にレオ一三世が出していた。この「レールム・ノヴァルム」が発せられた時代は、一八七三年からウィーンの株式市場が暴落し、一八九六年まで二三年間にわたって世界的に物価が下落した大不況（Great Depression）の時代であった。そこでレオ一三世が出した「レールム・ノヴァルム」には、「資本主義の弊害と社会主義の幻想」という副題がついていた。巷《ちまた》には失業者が溢れ、倒産が相次ぎ、資本主義の弊害は明らかになっており、社会主義になればそれが救済されると説く者がいるけれども、それは幻想にすぎないという趣旨の内容だったからである。

一九九一年の「レールム・ノヴァルム」を出したヨハネ・パウロ二世は、ポーランドの出身である。ヨハネ・パウロ二世の祖国ポーランドは、一九八九年の東欧革命によって社会主義の非人間的な抑圧から解放された瞬間に、「なんでも競争、なんでも市場」と言い始めて、きわめて不幸な状態に陥っていた。つまり、社会主義の弊害から救済されて、資本主義になればうまくいくのだと思い始めていた。しかし、それは幻想にしかすぎないということが、ヨハネ・パウロ二世が一九九一年に出した「レールム・ノヴァルム」の主題となる。

宇沢先生の提案で「レールム・ノヴァルム」の主題を「社会主義の弊害と資本主義の幻想」とすることを受け入れた上でヨハネ・パウロ二世は、「資本主義と社会主義という二つの経済体制を超えて、人間の尊厳と魂の自立を可能にする経済体制は、どのような特質をもち、どのようにすれば具現化できるのか」という設問を、宇沢先生に投げかけられる。この設問を宇沢先生は、「目から鱗《うろこ》が落ちる思い」で受けとめ、「制度主義の考え方が、理想的な経済体制を特徴づけるものではないか」の思いを抱き、歴史や社会科学を重要視する制度主義を導き星とした「社会的共通資本の経済学」の体系化を目指されたのである。

二つの環境破壊

ヨハネ・パウロ二世が宇沢先生に投げかけられた「資本主義と社会主義という二つの経済体制を超えて、人間の尊厳と魂の自立を可能にする経済体制」という問いは、この危機の時代に「生」を受けた者の一人ひとりが、受けとめなければならない課題である。しかも、こうした課題を省察する際には、この「レールム・ノヴァルム」でヨハネ・パウロ二世が、二つの環境破壊を指摘していることに思いを馳せなければならない。

ヨハネ・パウロ二世が指摘する二つの環境破壊の一つは、言うまでもなく自然環境の破壊である。ヨハネ・パウロ二世は自然環境の破壊について、まだまだ不充分ではあるけれども、ようやく人類は、この恐るべき破壊行為の存在に気がつき始めたとしている。

もう一つの環境破壊は、人的環境の破壊である。ヨハネ・パウロ二世は人間と人間との絆を打ち砕いていく人的環境の破壊については、まだ人類はその存在すら気がついていないと警告を発したのである。環境といえば、自然環境を想起しがちである。しかし、「あの人は恵まれた環境に育った」と言えば、この環境は明らかに自然環境を意味していない。

最近の世界を駆け巡るトップニュースは、大洪水、大雪、竜巻、熱波などと、異常気象現象ばかりである。「気候変動に関する政府間パネル（IPCC）」は当初は異常気象を「人間が創り出したものと考えられる」という程度の表現にとどめていたけれども、現在では「間違いなく人間が創り出した」としている。

人間は気候変動に左右されないように、食糧を求めて移動する採集経済から、農業経済に移行したはずなのに、人間の経済が創り出した気候変動で、自然環境どころか、人間自身の生存も脅かされている。こうした人為的要因によって創り出された気候変動は、市場が人間社会を調整する唯一の手段だと信じ、ひたすら経済成長を追求すれば、人間社会の諸問題は解決できるという妄信から生じているといってもいいすぎではない。

しかし、自然資源が存在する限り経済成長は可能だけれども、それは自然資源の存在なくして経済成長はありえないということである。一九七三年に生じた石油ショックは、自然資源を多消費する経済成長の限界を雄弁に物語った。そのため石油ショックの前年である一九七二年に発表されたローマ・クラブの報告書の「成長の限界」という名句が、野火のごとくに世界に広まっていったのである。

しかし、市場を唯一の神として崇め、所得再分配を根底から否定して、経済成長をただひたすら追求すれば、「成長の限界」は克服できるという新自由主義の説教が、一九七〇年代後半からグローバルに鳴り響いていく。新自由主義は再生不能資源である化石燃料が枯渇しても、市場のメカニズムによって代替資源が、簡単に生み出されて解消すると唱える。こうして再生不能の化石燃料は、いとも容易に原子力に置き換えられていってしまったのである。

「成長の限界」を克服できると唱え、世界を闊歩《かっぽ》し始めた新自由主義は、唯一の神である市場を、民主主義にもとづく政府が制御してはならないと叫ぶ。新自由主義の教義では、国家つまり政治システムは、市場原理を拡大していく装置であって、目指すべきは「再分配なき成長」であると唱えられる。貧困問題も市場に委ねさえすれば、富裕者の富がトリクルダウンして、富裕者に負担を求めずして解消されると、得意満面で語られたのである。

ローマ・クラブの「成長の限界」は再生不能資源の枯渇への認識に根差していた。しかし、

「成長の限界」の警告を無視した経済成長は、再生不能資源の枯渇にとどまらず、再生可能資源の再生をも困難にしてしまう。つまり、自然の自己再生力が破壊されてしまう危機的状態にまで陥ってしまったのである。

そこで一九八七年の国際連合の「ブルントラント報告」を契機に、「持続可能性」を追求すべきだという認識が広範に形成されてくる。もちろん、ここで唱えられた「持続可能性」とは、大気、大地、海や川、森林などという自然の自己再生力の「持続可能性」である。

自然環境の破壊が自然の「自己再生力」の破壊であるのと同様に、人的環境の破壊とは人間の社会の「自己再生力」の破壊を意味する。しかも、この二つの環境破壊は連動している。IPCCも異常気象がこのまま進めば、人間同士の争いがますます激化すると警告している。

人間の生存は、自然の自己再生力と人間の社会の自己再生力によって支えられていることを忘れてはならない。「持続可能性」とは、自然の自己再生力の「持続可能性」であり、人間の社会の「持続可能性」であり、人間の生存の「持続可能性」なのである。

トリクルダウンという幻想

新自由主義がグローバルに鳴り響くと、それが経済成長を実現するオルタナティブなき唯一の選択肢だという信仰が広範に流布していく。グローバリゼーションは世界のすべての人びとに恩恵をもたらし、「国家なき世界統治（stateless global governance）」を実現するものと信じられてしまう。

グローバリゼーションで「国家なき世界統治」を実現すれば、悲惨な貧困や不平等とも決別することができるという主張を支える理論が「トリクルダウン（trickle-down）」である。トリクルダウンとは、豊かな者をより豊かにすれば、その恩恵は貧しい者にまで「滴《したた》り落ちる」という効果をいう。

だが、貧しき地域社会がグローバリゼーションに促迫されれば、不毛の砂漠からでも、自己の才覚によって自立できると想定するのには無理がある。それはアフリカ諸国がグローバリゼーションの恩恵で自立すると信じることと、同様の世迷い事である。

金融市場の膨張によって、天を摩《ま》するほどのビルディングが林立する世界都市に富は集中する。その摩天楼の森では、対事業所サービスに従事する貧しき人びとが働き、道にはホームレスが貧しき布に身を包んで屯《たむろ》している。富はトリクルダウンしないのである。

そもそもアダム・スミス（Adam Smith）やリカード（David Ricardo）ら古典派が、トリクルダウンを唱えた時代は、富を蓄積する欲求には限界があるという想定が存在していた。つまり、豊かな者が過剰な豊かさを手に入れれば、富を消費すると考えられていたのである。

たとえば、巨万の富を手に入れた者がさらに富を手にすると、使用人の報酬などに富を回すに違いないと想定していた。しかも、その想定には、「富は消費するために所有するもの」という前提があったのである。

ところが、グローバリゼーションのもとでは、「富は消費するためのもの」ではない。富は「国家なき世界統治」を支配する手段となってしまう。富で人間を動かし、富で人間を支配するために、富を蓄積することになる。

トリクルダウンには、人間が富を蓄える目的は消費であり、その消費には限界があるという前提がある。しかし、グローバル時代の富は、消費するためではなく人を動かすために所有するので、蓄財に限界がなくなってしまうのである。

富を支配のために蓄積するようになれば、そこに限度はなくなり、トリクルダウンをすることはない。資本は、飽くなき富の蓄積を目指し、限りなき権力を求めて、世界を駆け巡る。こうした富による支配を、民主主義にもとづく政府は、当然のことながら拒否しなければならない。しかし、富の所有者は他国へと富を移し、富の恩恵である経済成長を停滞させると恫喝《どうかつ》する。その恫喝の前に、国民国家はなす術もなく、巨大な富に屈伏してしまうのが、現在の状況である。

トリクルダウンは夢物語で、実際には新自由主義が目指す「再分配なき成長」は、格差と貧困を溢れ出させてしまう。もちろん、格差や貧困が溢れ出ると、人間と人間との相互依存関係に亀裂が走り、秩序が乱れて対立と紛争が吹き出てくる。つまり、人的環境の破壊が始まったのである。

「人間国家」への道

二つの環境破壊とは、先に述べた東日本大震災が焙り出した人間社会を形成する本質的条件を破壊していることを意味する。自然環境の破壊とは人間と自然との共生関係の破壊であり、人的環境の破壊とは人間と人間との共生関係の破壊にほかならない。しかも、人間の生存を支える二つの環境破壊が激化してしまうのは、人間の社会の価値体系の最上位に人間の生命が位置づけられていないからである。

そうだとすれば、二つの環境破壊にとって生じている危機とは、人間の歴史にとっての根源的な危機だといってよい。それは人類の生存の危機だからである。

しかし、この人類生存の危機を克服する道を、日本国民は東日本大震災の教訓から「理解」している。それは、すべての社会の構成員の「参加意識」を発揚することである。

スウェーデンの博物学者リンネ(Carl v. Linné)は、畏《かしこ》くも人間の学名を「ホモ・サピエンス」(homo sapiens 知恵のあるヒト)とした。人間は損得を一瞬のうちに計算する「ホモ・エコノミクス」(homo economicus 経済人)ではない。人間は「知恵のあるヒト」であり、どんな人でも掛けがえのない能力を備えた素晴らしい存在なのである。

危機を克服するシナリオは、素晴らしい存在である社会の構成員が、一人ひとりの掛けがえのない能力を発揮して、社会の共同の困難である危機を克服するために「参加」することである。

それこそ日本国民が東日本大震災の過酷な現実から「理解」した危機克服の道である。

もちろん、この危機克服の道が導く目的地は、宇沢先生が唱えた「資本主義と社会主義という二つの経済体制を超えて人間の尊厳と魂の自立を可能にする経済体制」である。それは人間の生命を価値体系の最高位に位置づけ、二重の意味で「生を共にする」ことを基盤としている経済体制のことである。もっとも、それは「経済体制」と表現するよりも、社会や政治をも包括したトータル・システムと表現したほうがよい。こうしたトータル・システムとしての社会体制を、財政社会学の始祖であるドイツの偉大な財政学者ゴルトシャイト（Rudolf Goldscheid）の口真似をして、本書では「人間国家」と名づけておきたい。

「人間国家」と表現するときの「国家」は、「State」というよりも、「Nation」という含意がある。前述した『日本の課題―― Agenda for the Nation』と表現したときの「Nation」と同じ意味である。

それは『国富論（*The Wealth of Nations*）』を著したアダム・スミスの使用した「Nation」の意味でもある。宇沢先生は「スミスのいうNationという言葉は、一つの国の統治機関を意味するStateとは異なり、一つの国のなかに住んで、生きている人々を総体としてとらえたもの」で、「一つの国の統治機構を意味するStateとは異なり、と」きとしては対立する概念を指す」と唱えられている。

つまり、「人間国家」の「国家」とは、統治機構としての国家ではなく、生命ある社会の構成員を総体として捉える意味でのトータル・システムとしての社会全体のことを指すのである。

新たなルネサンス

一九二五年にノーベル文学賞に輝いたイギリスの劇作家バーナード・ショー（George Bernard Show）は、社会主義に関心を抱き、フェビアン協会の設立に参加している。このバーナード・ショーはギリシャ神話に題材を求め、戯曲『ピグマリオン（*Pygmalion*）』を著している。『ピグマリオン』はブロードウェーでミュージカル化されると、『マイ・フェア・レディ（*My Fair Lady*）』となり、映画化もされて大ヒットする。

ギリシャ神話の『ピグマリオン』は、キプロスの王が象牙《ぞうげ》製の女性像に恋をし、美と愛の女神アフロディテが、この女性像に生命を吹き込み、めでたく結婚をさせるという話である。象牙製の像を静止している画像だとすれば、それに生命を吹き込まれると、動く操作像になるということができる。

「人間の尊厳と魂の自立」を可能にする「人間国家」といっても、それは絵に描いた画像にすぎない。「人間国家」はどのような特色をもち、どのように具現化するのかという内実を深めていく必要がある。つまり、「人間国家」の画像に生命の息吹きを吹き込み、「人間国家」の操作像へと進化させなければならない。

「人間国家」を画像から操作像に進化させながら、「人間国家」を追求していく運動は、「新たなルネサンス」と呼ぶことができる。それは一四世紀末にイタリアから始まったルネサンス（再生）と同じく、人間の尊厳と人間の解放を求めるヒューマニズム（humanism）を貫き、人間の再生を目指す運動だからである。

この「新たなルネサンス」運動は既に始まっている。「新たなルネサンス」運動を唱道する宇沢先生の言葉を借りて、それを表現すれば、次のようになる。

第二次世界大戦後、半世紀以上の歳月が流れた。この間、日本のみならず世界は大きな変貌を遂げてきた。一九六〇年代の終わり頃までの期間を通じて支配的であったアメリカ的な経済発展のプロセスは、世界各地で、自然、社会、文化の広範な破壊をもたらし、大きな社会的問題を引き起こしてきた。しかし、一九八〇年代の半ば頃から、ヨーロッパを中心として、アメリカ的な経済発展のプロセスによって破壊された自然と都市を再生し、失われた歴史と文化を復活させようという動きがみられるようになった。

この新たなルネサンスとも呼ぶべき運動は、一九九〇年代に入るとともに、大きな流れとなって、単にEUの加盟諸国だけでなく、その周辺の国々にまでおよぶようになっている。この運動は、それぞれの都市が生活や文化の「質」の向上をめざして競い合う状況を生んでいる。このさい「質」は「美しさ」と置き換えてもよい。かつて国家間において「富」の「量」を求め競ったとき、そこには争いが生じたが、生活や文化の「質」や「美しさ」を競い合う争いは生じず、人々にもたらされるものは幸福であり、平和である。

人類が犯した最大の破壊行為である第二次大戦終結から、今年で七〇周年を迎えた。しかし、愚かにも世界の至るところで、今も戦いの太鼓が打ち鳴らされている。

人間によりふさわしい社会を創り出そうとする新しき試みは、いつも躊躇《ちゅうちょ》に満ちている。「人間国家」を実現しようとする「新たなルネサンス」運動でも同様である。

時代の転換点では、いつも新しきものと古きものが楔形《くさびがた》となる。しかも、新しきものは一つではなく、常に複数の選択肢が競合する。しかし、最後には必ずより人間にふさわしい選択肢が選ばれるはずである。それは人間がより人間的になっていくことこそ、人間の歩むべき歴史だからである。

「人間国家」を目指す「新たなルネサンス」運動は、より人間にふさわしい社会を創り出す運動である。それはヒューマニズムの思想にもとづいて、新しきトータル・システムとしての社会を創り出す運動である。それは腐臭を放って崩れて行く、古き「量」の時代を、新しき「質」の時代へと転換する運動だといってもよい。「量」の争いを止め、「質」を競うことへ転換すると、戦いの太鼓は鳴り止み、平和と幸福が訪れることになる。

二 「人口減少社会」の教訓

人口爆発の工業社会

正しく問題を整理することができれば、そこには既に問題解決の答えの半分が含まれているということが言われる。この歴史の「峠」で終焉を告げようとしている時代は、どんな時代なのかを正しく整理すれば、「人間国家」への目的地を正しく設定して、その地に至る海図を正しく描けるはずである。

日本国民は現在、「人口減少社会」という未来への予言の恐怖に脅えている。**図1-1**の「日本の人口の長期的推移」に示されているように、日本の総人口は二〇〇六年をピークとして減少に転じて、二〇五〇年には一億人を下回りかねないとの恐怖が煽られている。

しかし、「人口減少社会」に足を踏み入れるといっても、**図1-1**をみれば、日本の人口は明治維新を契機にして近代以降、爆発的に増加していることがわかる。近代以前の人口が漸増していく長期トレンドに比べて、それは異常な現象である。「人口減少社会」の恐怖感を煽る予言は、この異常な爆発的増加現象が逆転し、異常な人口減少傾向を生じると唱えている。

人口の増加は、人間の生存を支える生産物の増加によって可能になる。近代以前の農業社会で

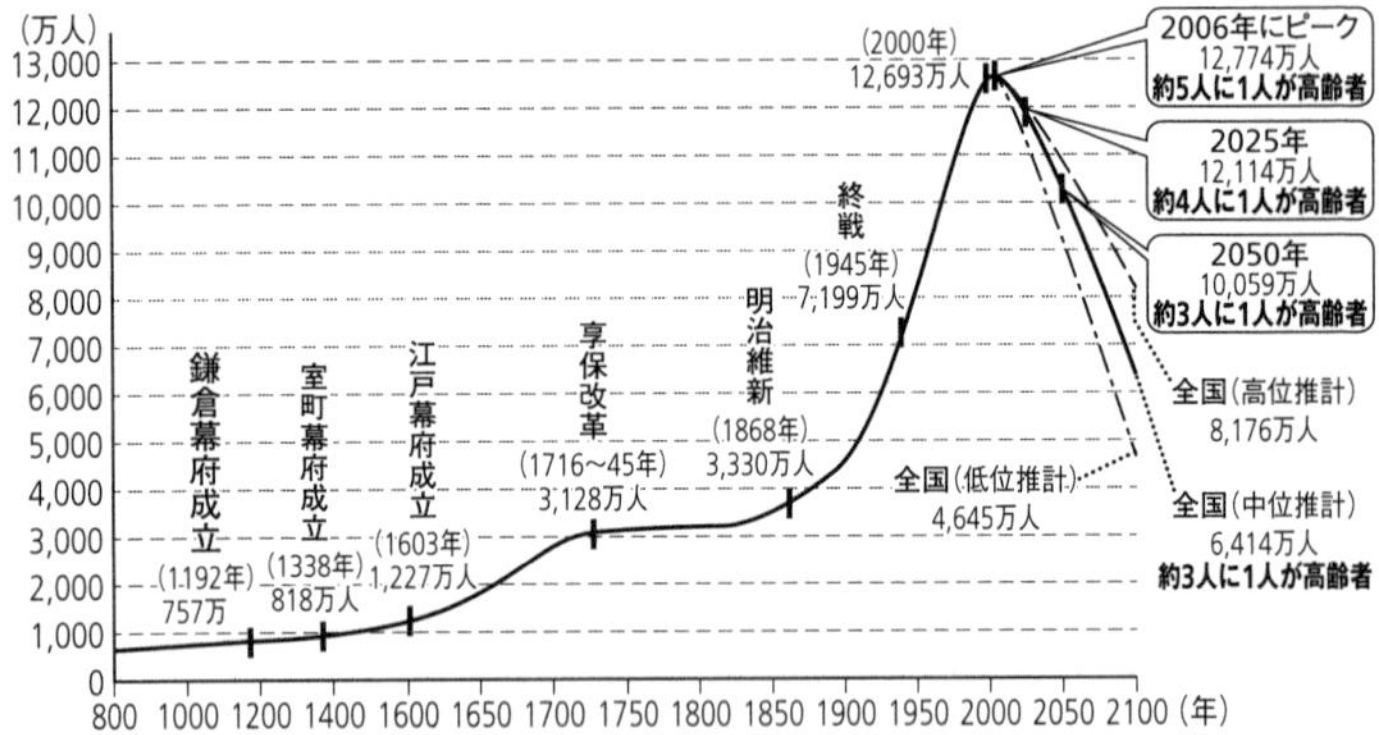

図1-1　日本の人口の長期的推移

出典：総務省「国勢調査報告」、同「人口推計年報」、国立社会保障・人口問題研究所「日本の将来推計人口（平成14年1月推計）、国土庁「日本列島における人口分布変動の長期時系列分析（1974年）をもとに国土交通省国土計画局作成。

出所：国土交通省HP

は、自然的制約から農業生産物の増加には限界があったため、人口の増加は停滞的である。ところが、工業化によって生産性が飛躍的に上昇すると、人口の爆発的増加が生じることになる。

人口の増加は、ロジスティック曲線で説明されてきた。人口の増加過程がS字型のロジスティック曲線を描くとすれば、人口増加はいずれ上限を打つことになる。というよりも、人口の爆発的増加が工業化によってもたらされたことを考えれば、工業化が行き詰まれば、人口の爆発的増加は停止せざるをえないはずである。

一九世紀の中頃、既にJ・S・ミル（John Stuart Mill）は、『経済学原理（*Principles of Political Economy*）』の「第四篇　生産および分配に及ぼす社会の進歩の影響」で、人口の停止状態を考察している。J・S・ミルは『経済学原理』の第三篇までは、経済学の「静態論」を展開している。しかし、第四篇からは経済学の「動態論」に移行するとして、「第六章　停止状態について」で次のように論じている。

資本および人口の停止状態なるものが、必ずしも人間的進歩の停止状態を意味するものでないことは、ほとんど改めて言う必要がないであろう。停止状態においても、あらゆる種類の精神的文化や道徳的社会的進歩のための余地があることは従来と変わることがなく、また「人間的技術」を改善する余地も従来と変わることがないであろう。そして技術が改善される可能性は、人間の心が立身栄達の術のために奪われることをやめるために、はるかに大きくなるであろう。産業上の技術でさえも、従来と同じように熱心に、かつ成功的に研究され、その場合における唯一の相違といえば、産業上の改良がひとり富の増大という目的のみに奉仕するということをやめて、労働を節約させるという、その本来の効果を生むようになる、ということだけとなるであろう。今日までは、従来行なわれたすべての機械的発明が果たしてどの人間かの日々の労苦を軽減したかどうか、はなはだ疑わしい。

（『経済学原理（四）』一〇九頁）

ここにみられるように、ミルは必ずしも人口の停止状態を嫌悪すべき状態とは考えてはいないのである。

工業化の行き詰まりとともに、人口増加が逆転現象を示すのは、先進国における潮流でもある。まずロシアが一九九三年に逆転現象を起こし、次いで二〇〇六年に日本が、さらに韓国が続き、ヨーロッパ諸国が次々に逆転現象を起こしている。もっとも、世界的にみれば、途上国を中心に人口の爆発的増加が継続している。

恐怖を煽る「地方消滅論」

「人口減少社会」という未来への予言の恐怖は、人口減少そのものよりも、二〇四〇年には八九六の地方自治体が消滅するという「地方消滅論」によって煽られているということができる。「地方消滅論」は、人口減少が「地方」から大都市への人口移動、とりわけ東京への一極集中現象とともに生じるために、「地方」の市町村が消滅するという予言である。

人間は人口ではない。人口ではない人間が、どうして人口になるのかといえば、それは「人間の社会」が「人間を目的とする社会」から「人間を手段とする社会」を目指そうとするからである。つまり、人間を「労力・兵力」などという手段としてしか認識しなくなると、人間は人口と観念されてしまうのである。

「人口（population）」という言葉は、古くから存在する言葉ではない。人間の社会を管理・運営する対象と見ていた重商主義時代に創り出されている。一六九〇年に『政治算術』を著したウィリアム・ペティ（William Petty）が社会を数量化することを考え、国家の富と力は国民の数と性格に起因することを証明しようとしたことが、人口概念の登場を物語っている。

「人口」という言葉は、生身の人間との関係が断たれている。「人口」は人間を没個性的存在の集合として取り扱う。しかも、没個性的存在として取り扱うことの背後には、人間を管理・運営する対象とする意図が潜んでいる。

一九三八年に日本の人口増加率が鈍化すると、厚生省は一九三九年に「産めよ、殖やせよ、国のため」と謳う「結婚十訓」を発表した。しかも、一九四一年には「人口政策確立要綱」が閣議決定される。この「人口政策確立要綱」は多産奨励と女性の勤労動員を目指し、一九六〇年までには人口一億人達成を目標として掲げていた。人口が政策目標となったときには、何が生じようとしているのか、歴史の教訓に学ばなければならない。

工業化による巨大都市・巨大市場の誕生

人口減少という人口増加の逆転現象は、工業化による生産増加と人口増加の好循環が停止したことを意味している。つまり、人口減少とは、工業化による人口増加が停止状態に入ったといってよい。

農業社会では生産機能は農村地域に立地し、都市には農村地域で生産された生産物を交換する市場が立地することになる。ところが、工業社会になると生産機能が都市に立地し、工業都市が成立する。そのため工業化によって増加する人口は、農村地域から都市へと流入することになる。つまり、工業化によって都市化という現象が生じるのである。

工業化と都市化とはメダルの裏と表の関係にある。日本でも明治維新以来、工業化とともに都市化が生じてきた。この工業化による都市化は二段階で進行していく。

工業都市は工業という生産活動が合理的に遂行できるように形成される。つまり、工業都市は工業の原材料が入手しやすいように原料立地的に形成される。こうして、石炭などの鉱物を産出する地域や、綿花や生糸などの生産地に工業都市が誕生していく。もちろん、海外から原材料を入手することが容易な海外交易の要地にも、工業都市は立地されていくことになる。これが工業化による都市化の第一段階である。

しかし、工業都市が原料立地的に散在するという地域構造は、工業化が軽工業段階から重化学工業段階へと発展すると様変わりする。重化学工業では機械設備も大規模化するとともに、企業組織も巨大化するからである。重化学工業を担う巨大な企業組織では、狭義の生産活動と管理活動が分離する。つまり、重化学工業の巨大な企業組織では、工場組織と事務所組織が分離していく。

しかも、工場組織と事務所組織は、空間的にも分離する。つまり、大量生産を遂行する工場と、大量生産された生産物を大量消費に結びつけるための販売組織が空間的にも違う地点に設けられる。もちろん、巨大な組織を管理する管理組織も必要となり、管理組織や販売組織から構成される事務所組織と、工場組織が分割されるようになるのである。

そうなると、事務所組織が集中する管理都市が登場することになる。ところが、管理都市は巨大な企業組織がピラミッド型に組織されていることに対応して、管理組織を集中させる中枢管理都市の形成へと結びついていく。つまり、東京や大阪などという中枢管理都市が、重化学工業化とともに形成されていく。これが都市化の第二段階である。

中枢管理都市は人口を集積させ、巨大都市へと膨張する。中枢管理都市に人口が集積され、巨大都市に変貌すると、そこに巨大な消費財市場が形成されることになる。

そもそも重化学工業を基軸とする産業構造は、自動車産業や電器産業という耐久消費財産業を戦略産業として牽引されている。巨大都市は耐久消費財の巨大市場である。そのため耐久消費財の工場組織も、中枢管理都市の形成によって誕生した巨大市場を睨んで立地されるようになる。つまり、重化学工業を牽引する戦略産業の工場組織は、管理都市周辺に立地することになる。

虚妄の「地方消滅論」

都市化への第二段階では、重化学工業化にともない地域的人口構造は大きく変化する。全国にわたって原料立地的に散在していた工業都市の衰退のドラマが始まるからである。北海道の室蘭、東北の釜石、中国の倉敷市の水島、四国の新居浜、九州の八幡（北九州）、大牟田など、全国的に散在していた原料立地的工業都市が、重化学工業の進展とともに衰退し、東京、大阪、名古屋などの中枢管理都市とその圏域に人口が集中していくことになる。

「地方消滅論」では人口減少という工業化の行き詰まり現象が生じても、二段階で進行してきた工業化にともなう都市化は、衰えることなく継続すると想定している。工業化は行き詰まっても、都市化は激化するという予言が、「地方消滅論」の内実なのである。

ところが、既にヨーロッパでは一九七三年の石油ショック頃から「逆都市化」という現象が指摘され始めている。もちろん、石油ショックとは、大量生産・大量消費の工業化が行き詰まった象徴である。つまり、工業化が行き詰まるとともに、都市から農村へという「逆都市化」あるいは「田園回帰」と呼ばれる現象が生じたのである。

「地方消滅論」は工業化から脱工業化へと転換しても、都市化が継続すると唱える。というよりも、脱工業化を押し止めようとしているかのごとくに見える。それは「消滅自治体」と名指しすることによって、その地域住民が浮足立って故郷を見捨てることを狙っていると考えられるからである。

地域社会の人間の絆から引き離し、アトム化した個人を集めて「人口のダム」という拠点を創り出すと、「地方消滅論」では唱えられている。しかし、地域社会の人間的紐帯《ちゅうたい》から分離され、砂のようになった人間を、手ですくい取るように集めてダムを創り出したところで、それがただちに決壊することは眼に見えている。「地方消滅論」とは、むしろ一極集中を推進するために主張しているのではないかと勘繰りたくなってしまう。

繰り返して指摘すれば、脱工業化が進むと、人口は反転して減少し、都市化は逆都市化に転換する。それが常識だといってよい。だが、日本はなおも人口増や都市化に固執している。一九七三年の石油ショック以降、ヨーロッパで起こり始めた「逆都市化」は、脱工業化によって大規模な工場などがなくてもできる仕事が増えていくと、あえて人口が密集している都市部ではなく、自然環境がよかったり、地域のコミュニティが残っているような田園地帯に、研究機関やデザイン事務所などが立地されることで進んできた。工業化によって荒廃した都市から、自然豊かな田園回帰への流れが生まれたのである。

最近になって強まっている「コンパクトシティ」という政策主張も、都市と農村が明確に分離しているヨーロッパで「逆都市化」や「田園回帰」が生じていることに対応して、都市をコンパクトにすることを唱えたものである。ところが、「地方消滅論」では、「コンパクトシティ」においても、農村から都市へと人口を移動させることになっている。それは工業化から脱工業化へと進む歴史の流れを、逆流させようとするかのごとくである。

脱工業化へ舵を切らなかった日本

図1－2をみれば、重化学工業化による経済成長が実現した高度成長期には怒濤のごとくに、

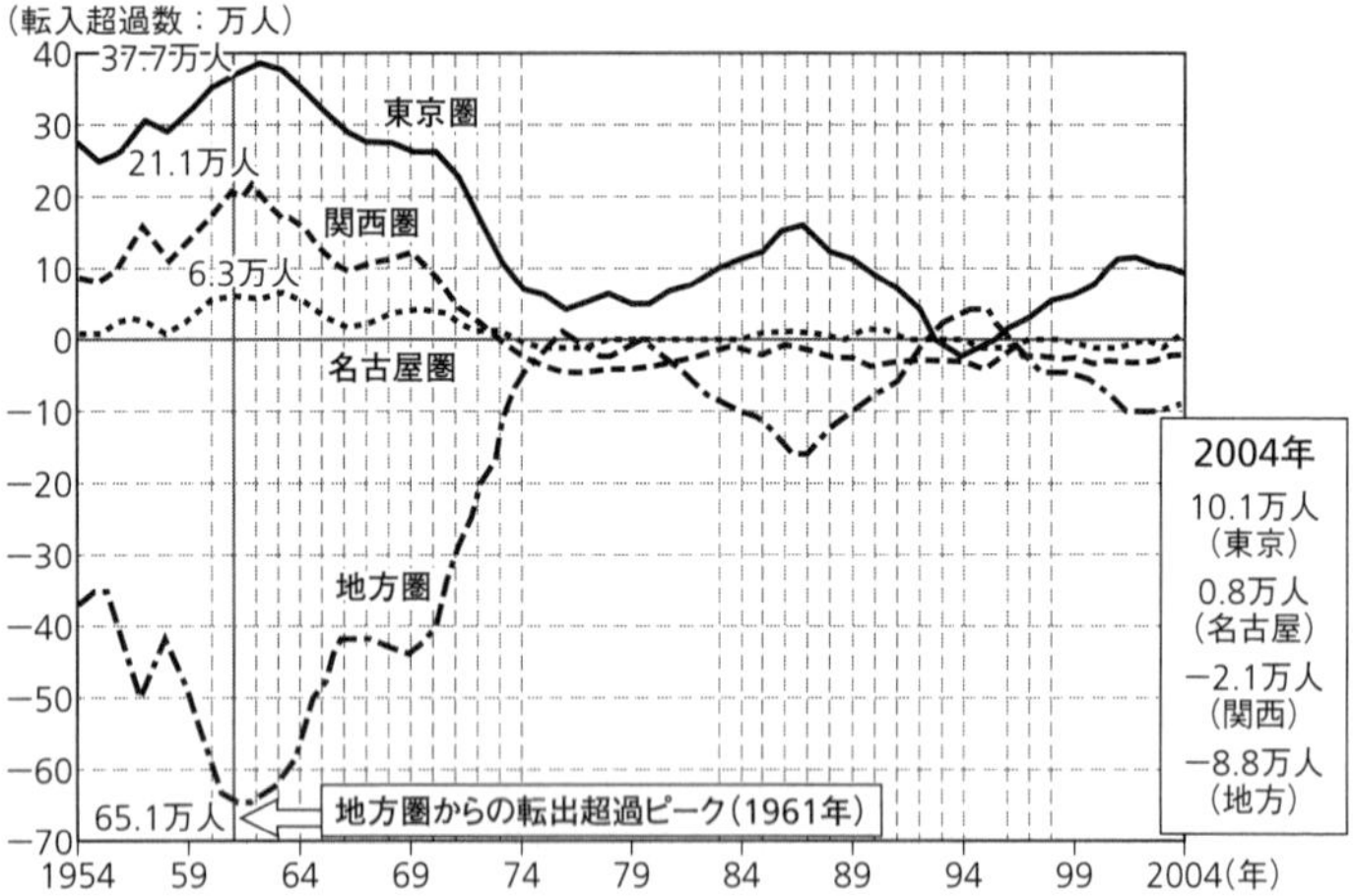

注：上記の地域区分は以下の通り。東京圏：埼玉県、千葉県、東京都、神奈川県／名古屋圏：岐阜県、愛知県、三重県／関西圏：京都府、大阪府、兵庫県、奈良県／三大都市圏：東京圏、名古屋圏、関西圏／地方圏：三大都市圏以外の地域

図1-2　人口流出入への推移
出所：総務省「住民基本台帳」をもとに国土交通省国土計画局作成

地方圏から三大都市圏へと人口の大移動が生じていることがわかる。これは都市化の第二段階が強力に進行したことを意味している。つまり、農村から工業の立地する都市への流れと、全国的に散在していた原料立地的工業都市が衰退し、東京、大阪、名古屋という中枢管理都市の存在する三大都市圏への集中現象の重層的人口移動が生じていたといってよい。この図にみられるように、地方圏から三大都市圏への転入がピークに達するのは、高度成長期の真っ只中の一九六一年で、年間で六五万一〇〇〇人にも及んでいる。

ところが、一九七〇年代の後半になると、地方圏から大都市圏への人口流入が停止する。これは、一九七三年に石油ショックが生じるとともに、「逆都市化」

現象が表れたと、ひとまず認めることができる。しかし、この「逆都市化」現象は工業化から脱工業化へと舵を切った結果というよりも、工業化を推進するけれども、工場組織を地方に分散する政策がとられた結果だといってよい。

もちろん、工場組織を地方に分散させるために、公共事業が地方で盛んに展開されることになる。とはいえ、歴史の流れは、既に工業社会が終わりを告げるエポックに入っていた。そのため一九八〇年代後半から中曽根康弘政権は、それまでの工場組織を地方に分散させる政策を改め、大都市重視の地域政策を打ち出すことになる。グローバルな都市間競争が始まり、日本の大都市を世界都市にという政策意識が働いたからである。

しかし、ここでも工業社会から脱工業社会へと舵を切ることが意図されたわけではない。大都市重視の地域政策といっても、地方における公共事業を抑制し、東京における公共事業に移し替えたにすぎない。

バブルの崩壊と東京一極集中化

歴史のエポックで産業構造の転換へと投資が向かわずに、ストックへの投資へと向かうと、バブルが生じる。一九八〇年代後半から人口の大都市への移動の小高い山が生じるのは、バブルのなした結果である。しかし、バブルは膨らむと、必ず弾ける。バブルが弾けた一九九〇年代には、再び大都市圏への人口移動が停止する「逆都市化」が生じていたのである。

一九九〇年代に「逆都市化」が生じたといっても、一九七〇年代後半から生じた「逆都市化」のように、地方に工場組織が分散したわけではない。というよりも、地方圏に散在していた工場組織は、廉価な賃金を求めて、地方圏から海外へとフライトしてしまう空洞化現象が生じていたのである。

こうして工場組織が海外へとフライトしてしまうと、日本には管理機能と企画機能が残るけれども、それは東京に集中することになる。図1−2で、二一世紀に向かうと、東京への一極集中的人口移動が生じるのは、そのためである。

地方圏に散在していた支社、支店、出張所などの管理機能は整理され、地方圏から東京へと移される。しかも、地方圏に本社が所在する企業も、グローバリゼーションにともない東京支社機能を強め、地方本社から東京支社へと、従業員を移動させる。

その典型は関西圏である。大阪に本社が所在する企業が、東京支社機能を強めるために、管理機能を東京に移す。関西圏は既に大都市圏というよりも、一つの地方圏になってしまっている。世界的自動車企業の本社の所在する名古屋圏は、人口が増加も減少もしない状態を維持しているにすぎない。図1−2をみると、二〇〇四年には東京がプラス一〇万一〇〇〇人、名古屋がプラス八〇〇〇人、関西がマイナス二万一〇〇〇人、そして地方圏全体ではマイナス八万八〇〇〇人と、東京への一極集中が起こり始めた。しかも、外資の投資先はほぼ一〇〇パーセント東京に集中する。そのため東京への一極集中が激化してしまうのである。

工業社会の終わり

こうした第二次大戦後の人口の地域移動からも、重化学工業を基軸とした工業社会が終わりを告げていることは明らかである。そのため日本でも「逆都市化」という現象が認められないわけではない。しかし、日本では工業社会が行き詰まっているといっても、知識集約産業やサービス産業を基軸とする新たな産業構造を形成しようとする政策意図が存在しているわけではない。むしろいまだに工業化の推進に拘泥《こうでい》しているといってよい。そのため「逆都市化」もヨーロッパでみられるように、研究機関やデザイン事業所などを自然環境や人的環境の恵まれた地域に立地しようとする動きとしては表れないのである。

重化学工業を基軸とする工業社会が行き詰まっているにもかかわらず、なお日本が重化学工業化に拘泥してしまう理由を、ノーベル経済学者に輝いたサロー（Lester C. Thurow）は、日本国民に次のように警告をしている。

さまざまな意味で、日本は第二次世界大戦後の資本主義の勝者であった。（中略）しかし、ゲームの戦い方をうまく習得して勝利を収めてきた者が、ゲームが変わったことに気づき、新しいゲームの戦い方を学ばなければならないことに気づくのは、たいていいちばん最後だ。この点で、日本も例外ではない。

（『資本主義の未来』四一五―四一六頁）

サローは、日本は第二次大戦後の重化学工業化の過程で勝利者だったけれども、ルールが変わったという事実に最後に気がつくのは、前のルールでの勝利者だと警告をしている。しかし、失敗とは、転ぶことではなく、転んでも立ち上がらないことである。過ちを改めるのに遅いということはない。「人間国家」を目指し、「新たなルネサンス」を実現する時間は充分に残っている。

三 導き星としての制度主義

近代経済学とマルクス経済学を乗り越える

「人口減少社会」という狂騒曲に、冷静に耳を澄ますと、工業社会の終わりという歴史の「峠」が見えてくる。この歴史の「峠」を踏み越え、「人間国家」という新しい風景の時代に辿り着こうとすると、その道案内は宇沢弘文先生に従えば、先にも述べたように「制度主義の考え方」ということになる。

経済学はアダム・スミスの『国富論』によって、近代社会科学の中心的存在として誕生したといってよい。それ以降、経済学は近代経済学とマルクス経済学という二つの大きな潮流を形成しながら発展した。しかし、先にも述べたように宇沢先生は、ヨハネ・パウロ二世の「資本主義と社会主義という二つの経済体制を超えて、人間の尊厳と魂の自立を可能にする経済体制」という問いに応えることを自らの使命としたときに、近代経済学とマルクス経済学を超えた新しい経済学を体系化しようと決意されたのである。

この新しい経済学の導き星が「制度主義の考え方」である。もっとも、「制度主義」については さまざまな理解がある。しかし、宇沢先生が想定していた「制度主義」は、ヴェブレン（Thorstein B. Veblen）が花開かせた制度経済学である。つまり、宇沢先生は近代経済学とマルクス経済学という二つの経済学の伏流として流れていた「制度主義」の経済学を導き星として、新しい経済学を体系化しようとしたのである。

アダム・スミス批判から社会学・財政学の誕生へ

アダム・スミスの政治経済学を批判して、フランスではコント（Auguste Comte）を創始者とする社会学が誕生する。ドイツでもアダム・スミスの政治経済学を批判して、社会学と絡み合いながら財政学が誕生する。社会学も財政学も、ホモ・エコノミクスとして人間を純化するのではなく、人間は社会をなして存在するという人間観に立脚しながら、スミスの政治経済学を批判した。

ドイツの財政学が世界を席巻するような隆盛を極めると、アメリカから財政学さらには新歴史学派の経済学を学びに、イーリー（Richard T. Ely）、セリグマン（Edwin R. Seligman）、アダムス（Henry Adams）などが、ドイツに留学して、それをアメリカへ持ち帰り、アメリカで制度主義の経済学が花開くことになる。

財政学はドイツで、アドルフ・ワグナー（Adolf Wagner）、シュタイン（Lorenz v. Stein）、シェフレ（Albert E. Schäffle）という三巨星によって確立される。この財政学を含め、シュモラー（Gustav v. Schmoller）やブレンターノ（Lujo Brentano）なども加えて、新歴史学派が形成されることになる。

新歴史学派をドイツで学んだイーリーは、アメリカ経済学会の初代会長となり、新渡戸稲造、片山潜などにも影響を与える。こうしてアメリカの制度主義の経済学は、ヴェブレン、コモンズ（John R. Commons）などによって開花していくことになる。

ヴェブレンは旧歴史学派には批判的ではあったけれども、シュモラーを始めとする新歴史学派からの強い影響を受けている。しかも、ジョン・デューイ（John Dewey）のプラグマティズムの哲学からも多くを学んでいる。

「ひと部屋」から「大きな家」へ

宇沢先生は制度主義を支えている背後理念を、「リベラリズムの思想」だとされている。この「リベラリズムの思想」は、創設期のシカゴ大学で、哲学と経済学の基礎を築いたジョン・デューイとヴェブレンの言葉として使用されている。本書では「人間国家」という新しい時代を模索するにあたって、宇沢先生の教えに従いながら、ドイツ財政学の視座を取り込みつつ、制度主義の経済学を導き星にしていくことにしたい。

ドイツの新歴史学派の財政学では、国民経済は市場経済と財政という二つの経済が車の両輪とならなければ発展しないと考える。アメリカの制度主義の経済学でも、そうした認識に立脚しているといってよい。それは制度主義の経済学を継承したガルブレイス（John K. Galbraith）の『ゆたかな社会（*The Affluent Society*）』で、私的投資に対して社会的公共財への投資が立ち遅れ、新しい貧困が生じていくことが解明されていることを見ても明らかである。

新歴史学派のシュモラーは、マックス・ウェーバー（Max Weber）と社会科学の方法論論争をしているが、新古典派の源流を創ったカール・メンガー（Carl Menger）とも有名な方法論論争をしている。シュモラーはメンガーに対して、「大きい家の中のひと部屋」しかみていないと批判している。シュンペーター（Joseph A. Schumpeter）もこの言葉を用いながら、シュモラーを評価している。それは経済学が市場経済の枠組みを越えた非市場領域をも考察の対象とする必要性を、新歴史学派が認識していたからだといってよい。

こうした新歴史学派の問題関心を受け継ぐ制度主義の経済学においても、市場領域だけではなく、非市場領域も考察の対象とされる。それだからこそ宇沢先生は、制度主義の経済学を導き星としながら、新しい経済学を構想しようとしたのである。

近代経済学もマルクス経済学も、市場経済という「ひと部屋」を対象として精緻な理論体系を築こうとしてきた。しかし、それでは「人間の尊厳と魂の自立を可能にする経済的体制」の構想という課題に応答することはできない。つまり、「人間国家」を模索しようとすれば、市場経済という一つのサブ・システムだけではなく、トータル・システムとしての社会全体という「大きな家」をも考察の対象とせざるをえないのである。

部分ではなく全体を

シュモラーは、市場メカニズムのような繰り返し生じる「定型的関係」を、観察データを元にして組み立てられた仮説を事後的にあてはめていく、いわゆる仮説演繹《えんえき》の命題として把握しても、「全体の建物」は見えないと指摘した。それは、仮説演繹から導き出される理論モデルと、現実状況との関連が明確に説明されなければならないということを意味している。つまり、歴史的に条件づけられる制度や非市場領域までを取り込まなければ、「全体の建物」は見えてこないのだといってもよい。

そうだとすると、市場領域と非市場領域とを包含するトータル・システムの社会全体を考察しようとすれば、市場メカニズムのような「循環」の論理だけではなく、「生成」の論理を取り入れなければならない。財政学と制度主義の経済学が重視してきた動態的歴史分析の視点を継承しなければならないのである。

もっとも、ウェーバーは社会科学は事実認識に徹するべきで、政策主張の価値判断からは自由でなければならないと、新歴史学派を批判する。存在（Sein）と当為（Sollen）は峻別されなければならず、社会科学は価値判断に手を貸してはならないと、ウェーバーは主張する。

とはいえ、事実認識と価値判断を区分し、社会科学は事実認識に純化すべきだという主張それ自体も、価値判断であることはいうまでもない。政策主張という価値判断から自由になるということは、「あるがままにせよ」というレッセ・フェール（自由放任主義）に通じる。つまり、現状に異議を申し立てるという社会科学の使命を、放棄することにも結びつきかねないのである。

シュモラーはウェーバーに対して、価値判断は確かに主観的でありうるけれども、「主観的価値判断」とともに「客観的価値判断」とが存在すると反論している。つまり、「単に個々の人びとや学者だけでなく、大きな共同体、諸国民、時代、さらには全文化世界が関与する」価値判断も存在すると指摘する。価値判断のなかに共通の価値判断や普遍的な価値判断が存在することを否定するわけにはいくまい。とはいえ、それもア・プリオリに存在するというよりも、歴史的に形成されたものである。自然科学よりも、観察者が観察対象になるという性格の濃厚な社会科学では、価値判断の問題が宿命的に問い返されてくることになるのである。

繰り返しになるが、この歴史の「峠」で生じている危機は、人間の歴史にとっての根源的危機である。異常社会現象と異常気象現象が絡み合いながら、自然環境と人的環境という二つの環境破壊が進んでいるからである。それは人間の生命を育んでくれた水色の惑星である地球とともに歩んできた人間の歴史も、ついに終焉を告げるのではないかという意味での根源的な危機であることを物語っている。それだからこそ市場領域と非市場領域を有機的に関連させ、自然生態系の土台の上に、トータル・システムとしての社会全体を省察の対象とする必要がある。人間の歴史の根源的危機を眼前にして立ち竦《すく》むことなく、主観的な価値判断を乗り越える共通認識を基礎にして、人間の未来を構想していかなければならないからである。

四 「大きな社会」へ

近代社会から現代社会へ

財政学を鋳込《いこ》んだ「制度主義」の分析視角からすれば、この歴史の「峠」で終わりを告げようとしている工業社会とは、産業革命によって生み出されたトータル・システムとしての社会全体ということになる。つまり、工業社会とは、産業構造の中心に工業が躍り出たということだけではなく、人間の生産と生活の「場」が分離した近代社会そのものを意味するのである。

工業社会において、生産と生活の「場」が分離するのは、要素市場が形成されたからである。生活の「場」が分離された近代社会では、人間が創り出した生産物を取引する生産物市場だけではなく、「土地」、「労働」、「資本」という生産要素に私的所有権を設定して、生産要素が生み出す要素サービスを要素市場で取り引きすることによって、生産活動が実施されることになる。農業を基盤とした前近代社会では、農家を想起すれば容易に理解できるように、生産と生活が一体化した自給自足的な家族経営となっている。

ところが、要素市場が成立すると、生産の「場」と生活の「場」が分離する。生産機能と生活機能の両方を統合していた家族が、生産の主体である「企業」と、消費の主体である「家計」へと分離していくことになる。

要素市場が成立するまでは、共同的慣習による家族経営で生産活動と生活活動が営まれていたといっても、それは領主の指令にもとづいていた。しかし要素市場は、領主が領有していた生産要素が、私的に所有されなければ成立しない。それは要素市場の成立が、社会の構成員が領主の指令という支配から解放されることでもあることを物語っている。つまり、被支配者が支配者となるという民主主義の成立をも意味したのである。

工業社会では、生産が営まれる経済システムと、生活が営まれる社会システムが分離するとともに、領主の指令という支配から解放されて政治システムも分化してくる。つまり、三位一体的に融合していた経済・社会・政治が分離して、三角形の関係となって現象することになる。

とはいえ、近代社会の政治システムの機能は限定的で、所有権と所有権の交換を保護することに限定されていた。つまり、「交換の正義」を実現することに限定されていたのである。それは私的財産の所有者たちの自由な市場での取り引きを保護して、市場経済にもとづく経済システムを機能させるために、社会秩序を維持していくことを意味していた。そのための条件は、政治システムが被統治者による統治にもとづいていることである。とはいっても、近代社会においては、政治システムの共同意思決定に参加する社会の構成員が、「財産と教養」のある「市民」に限定されていたことに注意する必要がある。つまり、「古典的民主主義」が実現しているにすぎなかったのである。

しかし、政治システムの機能が社会秩序維持機能に限定されていたことは、まだ家族や共同体という社会システムが強力に機能していたことを意味する。工業化へ離陸したといっても、軽工業の時代では、まだ市場経済が浸透しておらず、家族経営や農業が広範に残存していた。労働者の生活も、こうした強固に機能する家族や共同体に包摂されて営まれていたのである。

つまり、「小さな市場」が「大きな社会」を残し、そのため「小さな政府」が可能となっていた。ところが、一九世紀後半から「第二次産業革命」とまでいわれるように、軽工業の時代から、重化学工業の時代へと進んでいく。そうすると、市場領域が拡大し、家族や共同体の機能が縮小していくことになる。しかし、「大きな市場」が「小さな社会」にしてしまうと、人間の生活を保障する「大きな政府」が必要にならざるをえなくなる。

「大きな政府」は、共同意思決定過程への「大衆」の参加を条件とする。普通選挙が実現し、「財産と教養」のある市民に限定されていた政治システムへの参加が、社会の構成員のすべてに認められ、「大衆民主主義」が花開くことになる。

こうして「近代社会」は、重化学工業を基盤とした「現代社会」へと転換していくことになったのである。

「大きな市場」と「小さな社会」と「大きな政府」

「大きな市場」、「小さな社会」、「大きな政府」によって構成される「現代社会」が、先進諸国で定着するのは、第二次大戦後のことである。

重化学工業化は一九世紀後半から始まるけれども、鉄鋼業という重化学工業の基礎産業に加え、自動車や家庭電器などの耐久消費財が重化学工業の戦略産業として登場してくるのは、一九二〇年代になってからである。さらに一九二九年の世界恐慌に続く第二次大戦という悲劇を経験して、戦後には鉄鋼業や石油化学工業などの基礎産業と、自動車と家庭電器など戦略産業とが有機的に関連した多軸的構造の重化学工業が定着する。

こうした多軸的重化学工業を基礎にしながら、第二次大戦後には「大きな市場」、「小さな社会」、「大きな政府」という「現代社会」が出現する。「小さな市場」、「大きな社会」、「小さな政府」という近代社会は、イギリスを覇権国として、市場原理を貫徹する金本位制度によって織り上げられていた。それがパクス・ブリタニカ(Pax Britannica)の時代である。

国際的に市場原理を貫徹するような金本位制度で「近代社会」がまとめ上げられていたのは、「近代社会」の市場が「小さな市場」で、人びとの生活はどうにか、「大きな社会」で維持することが可能だったからである。ところが、重化学工業化によって「大きな市場」になると、社会は「小さな社会」になってしまい、人びとの生活を「大きな政府」が保障していかなければ、トータル・システムとしての社会統合は困難になってしまう。

しかし、「大きな政府」による所得再分配と、金本位制度にもとづく自由な貿易は矛盾する。そこで、それぞれの国民国家が、社会統合のために、「自分さえよければ」という「近隣窮乏化政策(beggar - my - neighbour - policy)」に走った結果として、第二次大戦という大悲劇に帰着してしまったのである。

ブレトン・ウッズ体制の「埋め込まれた自由主義」

第二次大戦という人類史的悲劇の後では、「大きな政府」と両立する国際経済秩序を目指さざるをえなかった。そのため、一九四四年七月、新しい国際経済秩序を形成するために集まったブレトン・ウッズの森では、自己調整的市場経済が引き起こす社会システムの亀裂に対し、政治システムが国際金本位制への信仰に拘束されて十全に対応できずに、結果的にファシズム、社会主義、ニュー・ディールを実現させ、破滅的な大戦争を招いてしまったという認識が、広汎に共有されていた。

ポランニー（Karl Polanyi）の思想を継承するポランニアンたちが指摘するように、ブレトン・ウッズ体制には戦時期の資本統制の学習効果が刻印されていた。つまり、ブレトン・ウッズ体制は資本統制によって貨幣市場を制御することによって、国際金本位制のようなメカニズムに貨幣の発行を委ねることを拒否するものであった。第二次大戦後の世界経済秩序をデザインしようとした設計者の脳裏には、総力戦遂行の過程で実証された資本統制への信頼が刻み込まれていたのである。

ポランニアンたちの表現を借りれば、ブレトン・ウッズ体制は金融を社会の「主人」とするのではなく、金融を社会の「従僕」にしようと考えていた。アメリカの政治学者ジョン・ラギー（John G. Ruggie）に語らせれば、ブレトン・ウッズ体制とは「埋め込まれた自由主義」を目指すものということができる。

「埋め込まれた自由主義」とは、「金本位制と自由貿易を主軸とする自由主義」ではなく、「国内における市場介入を前提」とした国際主義を意味していた。つまり、ブレトン・ウッズ体制の「埋め込まれた自由主義」とは、国民国家を枠組みとして形成される政治システムが経済システムに介入し、社会システムをサポートするという国内における介入主義が国際的自由貿易を損わないような世界経済秩序の創出を意味するものであったと考えられていた。あるいは逆に、国際的自由貿易が国内的な介入主義を損わないように、両社の融合をブレトン・ウッズ体制は目指していたと理解されていた。

ブレトン・ウッズでは、イギリスのケインズ（John Maynard Keynes）が提唱するケインズ案と、アメリカのホワイト（Harry Dexter White）が提唱するホワイト案を巡って、会議は踊った。しかし、両者に基本的対立があったというわけではない。ケインズ案にしろホワイト案にしろ、完全雇用、経済統制、社会福祉、労働組合を重視した国内介入主義を前提にしていた。むしろケインズ案とホワイト案に対して、コンサーバティブな金融界が国際金本位制の放棄と国内介入主義に抵抗したところに、ブレトン・ウッズの対抗軸は存在したのである。

トータル・システムとしての近代社会が、自由主義国家であり、国際金本位制度のもとにパクス・ブリタニカとしてまとめ上げられていたとすれば、トータル・システムとしての現代社会は福祉国家であり、ブレトン・ウッズ体制という固定為替相場制のもとにパクス・アメリカーナ

（Pax Americana）として定着した。

ケインズ案の骨子はバンコールと命名された準備通貨を発行する「国際清算同盟」の創設にある。ケインズ案はこの国際清算同盟と加盟国の中央銀行の市場への介入により、固定為替レートの維持を目指していた。ホワイト案もケインズ案の国際清算同盟ほど大規模ではないにしても、ほぼ同様の国際通貨基金の設立を提言している。さらにホワイト案は戦後の経済復興のために、長期かつ低利率の資金を供給する世界銀行の創設も提唱している。

こうしたホワイト案をもとに形成されたブレトン・ウッズ体制では、固定為替レートを維持するために、資本統制が容認される。つまり、租税負担の高さや政治システムの不安定性によって、資本逃避（capital flight）が生じてしまうことを抑え込む資本統制が認められていた。こうした資本の自由な移動を統制する障壁の存在こそが、「福祉国家」という介入主義にもとづく「大きな政府」が機能する前提条件となっていたのである。

新自由主義の「大きな政府」への挑戦

人口動態からも明らかなように、「小さな市場」、「大きな社会」、「小さな政府」という自由主義国家と、「大きな市場」、「小さな社会」、「大きな政府」という福祉国家の二段階で推進されてきた工業社会は行き詰まっている。それは多軸的重化学工業化による大量生産・大量消費は、確かに「黄金の三〇年」と称賛される高度成長を実現したけれども、自然資源を多消費することの限界から行き詰まりを露呈したからである。その象徴が、一九七三年の石油ショックである。

重化学工業化を推進していくことには、自然資源からも限界があるという事実は、誰の眼にも明白であった。石油ショックが起きた後にアメリカ大統領になったジミー・カーター（James Earl "Jimmy" Carter, Jr.）は、「これからは化石燃料にエネルギーを依存する時代ではない。再生可能エネルギーの時代だ」と言って、ホワイトハウスの屋根をソーラーパネルで覆う。ところが、カーターの後に大統領になったレーガン（Ronald Wilson Reagan）は、ソーラーパネルをホワイトハウスから撤去し、「化石燃料の時代は終わったけれども、これからは再生可能エネルギーの時代ではなく、原子力の時代だ」と言って、原子力発電を推進する計画を打ち出し、それを日本にも迫った。

しかも、レーガンは福祉国家の「大きな政府」に挑戦する。覇権国のアメリカは、国内矛盾を世界輸出できるがゆえに、「大きな政府」とはいいがたい。そのアメリカでさえ、ケネディ（John Fitzgerald Kennedy）政権やジョンソン（Lyndon Baines Johnson）政権の時代に、貧困との戦いを掲げ、福祉国家の「大きな政府」への道を目指していた。ところが、レーガンは「貧困との戦いをしたために、貧しい者は怠け者になった。福祉をやると怠け者は働かずに遊ぶ。これからは貧困との戦いではない。怠け者をいかに働かせるか。つまり貧困者との戦いだ」と、「小さな政府」への道を闡明《せんめい》にしたのである

「小さな政府」か「大きな政府」かという区分は、財政規模が小さいか大きいかによるのではない。政府機能が小さいか大きいかの区分による。「小さな政府」とは、秩序維持機能のみを政府の機能だと想定するのに対して、「大きな政府」とは秩序維持機能に加えて、国民の生活保障をも政府の責任として引き受ける政府である。

重化学工業化の限界によって、「大きな市場」、「小さな社会」、「大きな政府」という福祉国家が有効に機能しなくなると、福祉国家を根源的に否定して、「小さな政府」を唱える新自由主義の政策思想が世界を闊歩するようになる。新自由主義は石油ショックによって生じた不況とインフレーションの併存、つまりスタグフレーションを「大きな政府」の結果だと唱える。その上で「大きな市場」をもっと大きくし、「小さな政府」を実現すれば、経済成長を持続できると唱えたのである。

「大きな市場」、「小さな社会」、「大きな政府」という福祉国家の行き詰まりに、新自由主義は「大きな市場」をもっと大きく、「大きな政府」を「小さな政府」にすることを主張する。つまり「市場拡大―政府縮小（more market - less state）」戦略を掲げたのである。

グローバリゼーションの成立と「小さな政府」

新自由主義の「市場拡大―政府縮小」戦略は、一九七九年に「鉄の女」と畏敬されたマーガレット・サッチャー（Margaret Hilda Thatcher）が、ロンドンのダウニング街一〇番地に居を構え、政権の座につくことによって世界史の表舞台に躍り出る。サッチャー政権はスタグフレーションに苦悩して行き詰まっていた福祉国家を根底から批判し、民営化、規制緩和による「小さな政府」を唱道する。

もちろん、「小さな政府」を実現するための規制緩和と民営化とは、「大きな市場」をもっと大きくするための戦略でもある。それとともに、規制緩和とは国民国家の規制を緩和し、国民国家の経営している国家企業の民営化を意味していた。それは事実上、ブレトン・ウッズ体制が前提にしていた資本規制の解除を含意していたのである。

もっとも、ブレトン・ウッズ体制の固定為替相場制は、一九七一年のニクソン・ショックから崩れ、石油ショックの年である一九七三年に最終的に崩壊していた。固定為替相場制は資本統制を前提とする。固定為替相場制度が変動為替相場制度に移行して資本統制が解除されている上に、新自由主義的な政権によって金融自由化が推進されると、資本は鳥のごとくに自由に国境を越えて飛び回るようになる。これがグローバリゼーションである。

政府による所得再分配は、政府が国境を管理していないと成立しない。つまり、所得を生み出す土地、労働、資本という生産要素の管理権限を、政府が掌握しないと不可能になる。

もちろん、土地が移動できないことは自明の理である。土地は移動しないがゆえに、国民国家はこれを領土として支配することができる。労働は人間それ自体と分離することは不可能である。

人間の生活が言語や風習と結びついている以上、人間も自由に国境を越えて移動することができない。しかも、国民国家は領民の国境を越えた参入退出を管理することによって、領民として支配できる。

ところが、資本は国境を越え、鳥のごとくにフライトすることが可能である。そのため資本が生み出す所得に課税を強化しようとすると、資本は海外へフライトする。

ブレトン・ウッズ体制のもとでは、租税負担や政治的理由によって資本が移動することを阻止する権限が、国民国家に与えられていたために、高額所得を形成する資本所得に対する課税を強化することができた。資本所得への課税は、企業利潤として資本所得が発生した段階で法人課税として課税することも可能である。さらに、資本所得は高額所得層の源泉でもあるため、所得税の累進性を強化することもできる。

このように、ブレトン・ウッズ体制のもとで資本逃避を規制することが可能であったために、所得税と法人税を基幹税とする租税制度が成り立ち、所得再分配としての福祉国家が成立していたのである。

しかし、資本が禿鷹《はげたか》のように国境を越えて自由に動き回るようになると、「大きな政府」による所得再分配は困難になる。しかも、労働市場における競争が激化し、労働賃金の引き下げ競争が始まる。

そればかりではなく、国際競争力の強化を理由にして、国民国家が規制している労働市場の規制が緩和される。人間の労働を取引する労働市場には、人間の生活を守るために、生産物市場とは相違する規制が張り巡らされている。こうした労働市場への規制が緩和されると、賃金の引き下げも激化してしまう。

しかも、世界の空を飛び回る資本の前に平伏するのは、低賃金を競い合う労働者だけではない。中小企業や農業という伝統部門でも、低価格を競い合い、世界を飛び回る資本に生産物を購入してもらおうとする。仕事を獲得するための競争が、世界の至るところで激化し、低い賃金でも低い価格でも耐え忍んで所得を得ようとするようになる。

しかし、「大きな市場」をもっと大きくし、国境を越えてまで拡大させた結果として生じる所得格差は放置される。というのも、政府は所得再分配機能を喪失し、「小さな政府」となってしまっているからである。

「大きな市場」、「大きな社会」、「大きな政府」へ

こうして「市場拡大—政府縮小」戦略は、二つの過剰と二つの環境破壊をもたらすことになる。二つの過剰とは、過剰な豊かさと過剰な貧困である。ひと握りの富裕層がますます富裕になるとともに、貧困が蔓延し、格差が拡大する。そのため世界の至るところで、反貧困・反格差が叫ばれるようになる。

二つの過剰は、二つの環境破壊をもたらす。貧困と格差が溢れる二つの過剰は、人間の社会に亀裂を走らせ、人的環境が破壊される。しかも、人的環境の破壊は少年非行、残忍な犯行、麻薬、自殺などの異常な社会現象を深刻化させていく。

過剰な豊かさと過剰な貧困は、人間の生存を保障する自然環境をも破壊する。過剰な豊かさを求め、天空を駆け巡る禿鷹が舞い降りた地域の緑も水も姿を消していく。しかも、それは人間の生存とは無関係なひと握りの富裕層の欲望を充たすためにである。

しかし、「市場拡大—政府縮小」戦略の前に立ち竦んでいるわけにはいかない。「市場拡大—政府縮小」戦略がもたらす二つの過剰と二つの環境破壊は、人間の歴史に終止符を打つような根源的危機だからである。

神の恩寵は失われていない。舵を切り換えて、「人間国家」を目指して再出発する時間は充分にある。しかも、「人間国家」への戦略も明確である。「市場拡大—政府縮小」戦略から「市場抑制—社会拡大(less market - more society)」戦略へと舵を切ることである。「大きな市場」をより大きくすることを抑制し、「小さな社会」を「大きな社会」へと活性化させ、その上に「大きな政府」を再編して築き直すことである。

それは「大きな市場」、「小さな社会」、「大きな政府」の福祉国家を、「大きな市場」、「大きな社会」、「大きな政府」の「人間国家」に鋳直すことだといってよい。

第二章

「人間国家」へ舵を切る

一　知識社会への転換

「経済」という営み

より人間的な社会を構想しようとする新しき試みは、いつも茨《いばら》の道を歩まなければならない。異議を申し立てる対象である現存するものに対して、具体的なオルタナティブを初めから対置させることは困難だからである。そのため、人間を解放する新しき社会のヴィジョンへの批判の言葉は、いつも決まっている。非現実的だということだ。

「人間国家」を構想する試みも、躊躇をともなっている。しかし、提起した課題への試行錯誤を繰り返さなければ、省察と自信は深まらない。そう考えると、「人間国家」のヴィジョンを築こうとするならば、工業社会の終焉という提起した課題から教訓を引き出し、「人間国家」の経済システムを展望しておく必要がある。

前章で述べたように、工業社会の終焉とは、経済システムの内実をなす産業構造で、工業が基軸的役割を果たさなくなることを意味する。しかも、大量生産・大量消費を実現した多軸的な重化学工業を基盤にした工業社会が終わりを告げようとしている。

もっとも、工業社会が終焉するといっても、工業そのものが消滅するわけではない。工業社会といっても農業が存在するのと同様に、工業社会が終わりを告げても工業は存在する。というのも、人間は自然に働きかけ、人間の生存に必要な有用物を入手しなければならないからである。経済とは、人間が自然に働きかけ、人間の生存に必要な有用物を入手する営みだといってもよい。そもそも経済（economy）という言葉は、ギリシャ語で家庭を意味する「オイコス（oikos）」と、管理を意味する「ノモス（nomos）」に由来する。つまり、人間を取り巻く自然環境を巧みにやり繰りすることを含意している。

経済は自然に働きかける人間の営みといっても、基本的には生命ある生きた自然への働きかけであるといってよい。少なくとも自己再生力のある自然を働きかける対象としている。人間が働きかける対象とされる資源（resource）という言葉も、再び（re-）湧きあがるもの（source）という意味である。

というよりも、そもそも生命体をつくる有機物を創造できるのは、葉緑素のある緑色植物だけである。緑色植物は葉緑素によって太陽エネルギーを捉え、水と二酸化炭素から、光合成によって有機物を生成する生産者である。それ以外の生物は、食物連鎖で結びついている消費者にすぎないのである。

もちろん、人間も消費者である。魚を生産するとは、魚を根絶やしにすることだとさえ表現される。機械さえあれば、生命さえも生産できるという考えは、人間の傲慢《ごうまん》な思い上がりである。生命ある自然への働きかけなしには、人間の社会の発展はありえない。その意味で大地への働きかけである農業は、人間の最も根源的な営みである。それだからこそ大地への耕作（cultivation）は、人間の生活様式である文化（culture）を意味する。

古くから言い伝えられた格言に、「行動を起こす前に、無駄が生じないようによく気を配れ」という言葉がある。稀少な資源に働きかける前には、稀少な資源を節約しなければならないという経済論理を教えている。そのためエコノミーという言葉は、「経済」と同時に「節約」という意味をもつ。

「生きている自然」を原材料とし、自己再生力のある自然に働きかける農業では、自然資源を節約するという本来の経済論理が働く。ところが、「死んだ自然」を原材料とし、神が創造した自然にではなく、人間が創造した機械に働きかける工業では、事態は転倒してしまう。資源を消費すればするほど、生産が増加すると思い込むことになるからである。こうした思い込みは、機械に働きかけさえすれば、資源を創造することができるという間違った意識すら生み出すことになる。そのため工業は自然環境の制約に逢着《ほうちゃく》してしまうのである。

「ミネルバの梟《ふくろう》は迫り来る夕闇とともに初めて飛び始める」という言葉をもって、ヘーゲル（Georg Wilhelm Friedrich Hegel）は、自己の歴史の解体期に至って、初めて自己の本質に気がつくと唱えている。工業社会も迫り来る夕闇とともに、ようやく工業の本質に気がつき始めたということができる。

人間主体の労働の拡大

工業は人間の根源的営みである大地に働きかける農業の周辺から誕生する。「生きた自然」を原料とする農業に対して、工業は農業が殺した自然である「死んだ自然」を原材料とする。農業では生きた種子を大地に蒔き、工業は農業が刈り取った綿花を、原材料として綿糸を創るからである。糸を紡ぎ、機を織る繊維産業が農家の副業に起源のあることを想起すれば、工業は農業の後工程だというばかりではなく、工業が農業の周辺から誕生することが理解できるはずである。しかも、農業の周辺から誕生した工業が、農業から切り離されて独立した産業となっていったのである。

脱工業社会の基軸産業も同様に、工業の周辺から誕生するはずである。現在、工業の現場である工場に足を運べば、人間が機械に直接働きかけて労働する直接部門の作業は急速に減少している。専門的技術を要する機械をメンテナンスしたり、情報機器などによる監視や処理をする準直接部門が直接部門を上回っている。

しかも、工場部門よりも管理部門、さらに企画・研究開発、デザイン部門などの専門機能を必要とする部門が拡大するだけではなく、さまざまな事業所サービスが膨れ上がっている。農業では直接働きかける対象が自然であるのに対して、工業では直接、働きかける対象が機械である。ところが、脱工業社会においては、機械に直接働きかけるのではなく、人間が人間に働きかける作業が増加している。

人間が機械に働きかける場合には、人間の労働は機械のリズムに支配される。ベルトコンベアの流れ作業のように、機械のタクトに合わせて労働が遂行される。ところが、情報処理機器と人間との関係は、機械のリズムに合わせるのではなく、人間が主体となっている。

人間が人間に働きかける労働が増加し、人間が機械に働きかける場合でも、人間が主体となっている労働が拡大している。つまり、工業の周辺で人間が主体となる労働が増加している。というよりも、人間の筋肉系統の能力を使用するよりも、人間の神経系統の能力や情感を使う労働が拡大しているといってよい。

欲求の変化と生産性

確かに、工業社会は重化学工業を基軸とする産業構造を実現して、大量生産・大量消費によって、飢餓的貧困の恐怖を解消した。しかし、その代償として人間は、単純労働という人間の非人間的使用方法に忍従しなければならなかったのである。

ところが、飢餓的貧困の恐怖から解放され、人間の生存に必要な基礎的ニーズが充足されてしまうと、より高次な欲求が芽生えてくる。つまり、生理的欲求や安全欲求という低次な欲求が安定的に充足されると、社会的欲求、自我欲求、自己実現欲求という高次な欲求が生じてくることになる。

低次な欲求が充足されていないときであれば、賃金を「飴」にして、貧困や失業を「鞭《むち》」にして、単純労働という非人間的使用方法へと駆り立てることができた。しかし、高次な欲求が芽生えてくると、「飴」と「鞭」による管理では、労働意欲が減退し、生産性を低下させて、大量生産・大量消費が行き詰まる。

重化学工業化によって実現した大量生産・大量消費は、こうした供給面で行き詰まるというだけでない。人間の生活様式が変化して、需要面でも困難に逢着する。大量生産・大量消費は、標準化され、画一化された生産物を大量に消費するために、標準化され、画一化された生活様式を前提とする。しかし、高次な欲求が芽生えるようになると、「量」から「質」への転換が始まる。つまり、大量生産・大量消費によって、人間の生存に必要不可欠な基本的ニーズが充足されてしまえば、人間はより清潔なもの、より美しいもの、より優雅なものなどを求めるようになる。

そうなると、消費財への需要は多様化する。大量消費を支えてきた画一的な需要が多様化すれば、大量生産・大量消費から、多様な需要に対応した多品種少量生産へと移行せざるをえなくなる。もちろん、単純労働化した部分労働では、多品種少量生産への対応は困難になる。

こうした「量」から「質」への転換は、人間の人間的使用方法を実現することなしには不可能である。工業化の行き詰まりは、「量」の経済から「質」の経済への転換を求め、それは人間の人間的使用方法による産業を要請しているといってよい。

既にみたように、工業の周辺から、人間の神経系統の能力を必要とする産業が生まれつつあることも、それと照合する。しかも、「量」の経済から「質」の経済への転換は、工業社会の行き詰まりの最も重要な理由である自然環境の制約を、突破する道でもある。

「量」の経済から「質」の経済へ

人間は自然に働きかけて、人間にとっての有用物を創り出す。こうした経済という営みをする際に、人間は自然に存在する物量に情報を加える。情報（information）とは、「形を与える（in-former」という意味である。人間は鉱石から鉄の矢尻を創るときにも、自然に存在する物に情報を加えて製作する。しかし、鉄の矢尻を製作するときよりも、心臓のペース・メーカーを創るときのほうが、自然の物量に加える情報量は飛躍的に増加する。

このように「量」を「質」に変換するには、人間が「ホモ・サピエンス」つまり「知恵のあるヒト」としての能力を発揮しなければならなくなる。もっとも、経済とは人間が自然を有用物に変換することだという本質に変化が生じるわけではない。自然を有用物に変換するときに、人間の知恵というオブラートで包むようになると考えたほうがいい。

人間の知恵というオブラートで包むために、人間の人間的能力が求められる。つまり、高い人間的能力を必要とする職務が急増し、人間を人間的に使用する知識集約型産業が産業構造の基軸を形成するようになる。

それが知識社会（knowledge society）である。

重化学工業を基軸とした工業社会では、単純な部分労働に分解することで、高い生産性と高い賃金が実現した。ところが、知識社会では、人間そのものの人間的能力を高めることが、生産性を向上させる決定的要因となる。

「量」の経済と「質」の経済を考えるポイントは、エネルギーにある。中国語でエネルギーは、「能源」と表現される。そこには中国の知恵が詰まっている。「能」は「できること」を意味し、「源」は「物ごとの始まり」を意味するからである。

自然科学で最も重要な法則に熱力学の第一法則と第二法則がある。第一法則は、エネルギーの「量」にかかわる法則である。エネルギーは人工的に生産することも消費することもできないという法則である。エネルギーの「量」は一定であり、形を変えるだけにすぎない。第二法則は、エネルギーの「質」にかかわる法則である。エネルギーは条件によって、仕事をする能力やエネルギーの「質」であるエクセルギーに差異がある。たとえば熱湯のほうが水よりも熱エネルギーの「質」が高い。この差異は、熱湯と水を混ぜれば明らかなように、「質」の高いほうから低いほうへ無限の均衡運動をおこないながら解消されていくというものである。

「量」の経済から「質」の経済への転換は、エネルギーも「量」より「質」を考えなければならないということだ。電気エネルギーはきわめて「質」の高いエネルギーである。暖めることもできるし、電気分解もコンピューターを稼働させることもできる。これに対して熱エネルギーは「質」の低いエネルギーである。暖めることしかできないからである。

世界的に著名なエネルギー学者エイモリー・ロビンス（Amory B. Lovins）は、「家のなかを電気で暖めようとすることは、電気ノコギリでバターを切るのと同じくらい愚かなことだ」という。「質」の経済では、エネルギーは「質」に応じて使わなければならない。

スウェーデンでエコ・ビレッジを訪ねると、屋根の上は黒いパネルで覆われている。このパネルは日本のように太陽光を電気に換えているわけではない。部屋を暖めるためには、電気に換える必要はない。太陽熱を集めておいて、ヒートポンプで暖房や冷房をおこなっている。

エコ・ビレッジの灯りは、エコ・ビレッジに設置されているバイオマスによる小さな発電施設で発電する。大規模な発電所の発電は、「質」の高い電気エネルギーでしかできない電気分解やコンピューターの稼働などに使用することになる。

脱工業社会つまり「人間国家」の産業構造は、知識社会ということになる。つまり、知識集約産業やサービス産業などのソフトな産業を基軸とする産業構造が、「人間国家」の経済システムの内実をなす。この産業構造では、「量」の経済から「質」の経済への転換が促進される。

人間の知識によって、「量」を「質」に置き換えることは、人間と自然との最適な質量変換を追求するということを意味する。自然に存在する物量に対して、追加する情報量を飛躍的に増加させれば、当然のことながら自然に存在する物量の使用は、飛躍的に節約され、工業社会の自然資源多消費型の産業構造は克服される。

いうまでもなく「量」が「質」に置き換えられれば、耐久性は向上する。しかも、使い易くなるばかりか、修理も容易となって、使用期間は長期化する。もちろん、これも自然資源の節約となる。

それればかりではなく、大量生産・大量消費のもとでは、生産の「場」と消費の「場」が離れているために、膨大な無駄が生じる。ところが、情報は生産の「場」と消費の「場」を急激に近づける。つまり、あたかも注文方式のように、需要のあるもののみに限定して供給することができ、多様な需要に対応して無駄のない多様な生産が可能になる。

「豊かさ」から「幸福」へ

スウェーデンの環境の教科書『視点をかえて——自然・人間・全体』では、人間の欲求には所有欲求と存在欲求があると教えている。所有欲求とは、ハビング（having）、つまり持つことの欲求、物質を所有したいという欲求である。これに対して存在欲求とは、ビーイング（being）、つまり人間と人間あるいは人間と自然との関係で、充足される欲求である。人間と人間とが調和したい、あるいは人間と自然とが調和したいという欲求であり、人間と人間あるいは人間と自然との触れ合いのうちに充足される欲求だといってよい。

前述したヨハネ・パウロ二世も「レールム・ノヴァルム」で所有欲求と存在欲求を説いている。さらに社会心理学者のフロム（Erich Fromm）も『自由からの逃走（*Escape from Freedom*）』（一九四一年）で、所有欲求と存在欲求を論じている。

人間は物質を所有することで充足される所有欲求で「豊かさ」を実感する。人間と人間との触れ合いのうちに調和したいという存在欲求は、愛し合いたいという欲求だといってもよい。愛の欲求である存在欲求が充足されると、人間は「幸福」を実感することになる。

工業社会とは存在欲求の犠牲において、所有欲求を充足してきた社会である。所有欲求を優先的に充足してきた社会では、人間が欲望のおもむくままに、自分の所有にしてしまう傾向が支配的な「強盗文化」が花開いてしまうと、前述したスウェーデンの環境の教科書は指摘している。

物質的に豊かになることと幸福を実感できるということが、どういう関係にあるのかを研究したイースタリン（Richard Easterlin）という経済学者がいる。イースタリンによれば、確かにある一定の生活水準までは、物質的に豊かになっていくと、当然のことながら病気などにもかからなくなるので、幸福度が高まってくる。ところが、ある一定の水準を超えてしまうと、物質的に豊かになることと、幸福になるということが、無関係になってしまう。これを「イースタリンの逆説」と呼んでいる。

脱工業社会つまり知識社会とは、人間が幸福を実感できる存在欲求を追求できる社会である。つまり、工業社会では貧しさが解消されず、所有欲求を充足するために、存在欲求が犠牲にされ

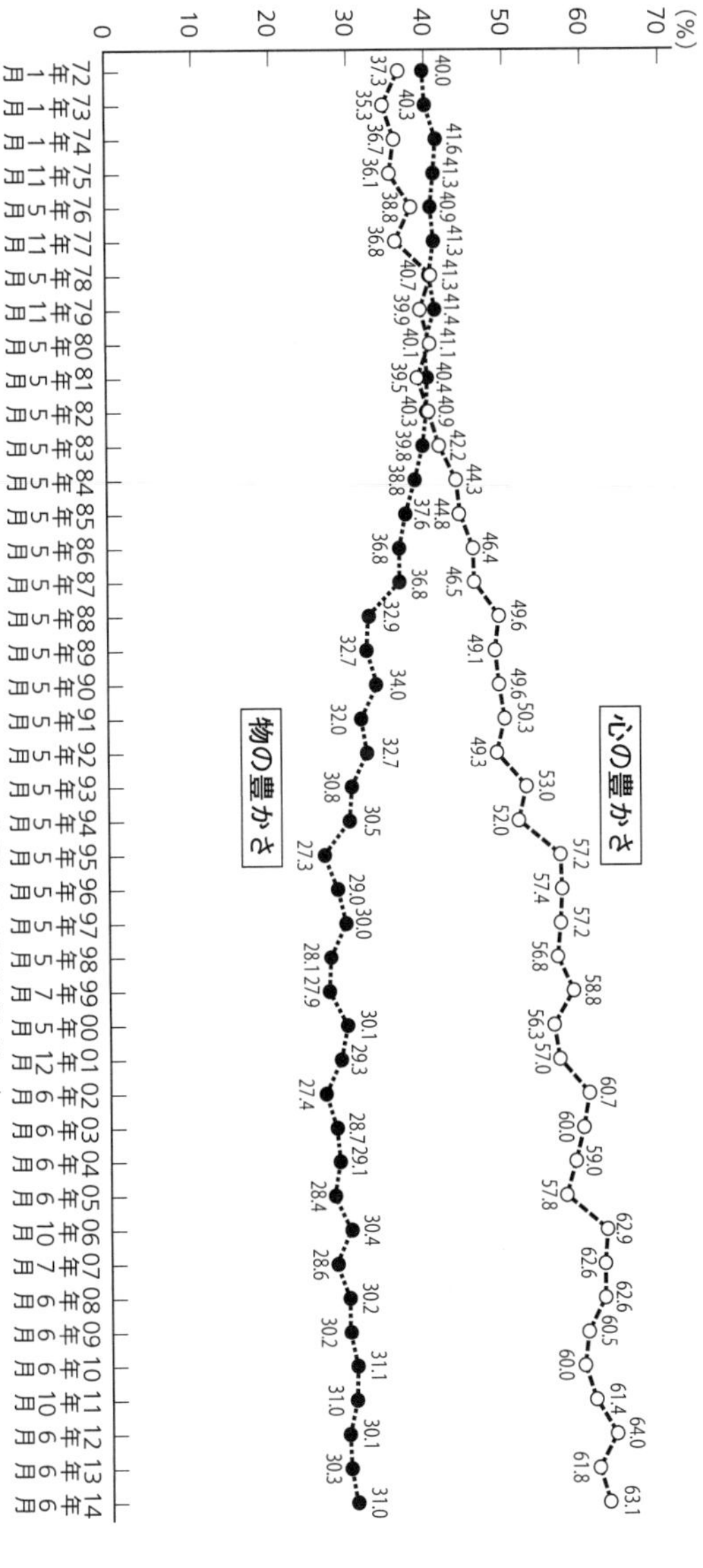

注：心の豊かさ→「物質的にある程度豊かになったので、これからは心の豊かさやゆとりのある生活をすることに重きをおきたい」
物の豊かさ→「まだまだ物質的な面で生活を豊かにすることに重きをおきたい」

図2-1　これからは心の豊かさか、また物の豊かさか（時系列）
出所：内閣府「平成26年度　国民生活に関する世論調査」

てきたのに対し、知識社会では人間の人間的欲求である存在欲求そのものを追求できるようになる。

図2-1をみればわかるように、日本では一九八〇年頃を転換点として、「物の豊かさ」よりも「心の豊かさ」を求める人の割合が上回り、ほぼ増加の一途を辿っている。日本人も一九八〇年代になるまでは、貧しさを克服するためにも、「物の豊かさ」という所有欲求の充足を優先してきたといってよい。しかし、一九八〇年代になると、「物の豊かさ」という所有欲求の充足よりも、「心の豊かさ」という存在欲求の充足を重視し始めたのである。

所有欲求が衰えていくことは、「大きな市場」をより大きくし、「小さな政府」を求めて工業社会を維持しようと意図し、知識社会への転換を阻止しようとする立場からは、「危機」と認識される。というよりも、新自由主義の経済政策は、所有欲求が存在しなければ機能しない。

「市場拡大―政府縮小」戦略では、富を「飴」に、貧困を「鞭」にし、競争へと駆り立てなければ労働を強制させられないからである。もちろん、所有欲求が衰退し、富がインセンティブにならずに、貧困も恫喝にならなくなると、社会の構成員をさもしい競争へと駆り立てることができなくなってしまう。「お金を儲ける」ことが「飴」にならず、「貧困」に陥ることが「鞭」にならなくなることは、新自由主義にとっては「危機」となる。

しかし、日本国民はそうした方向を望んではいない。日本国民が「物の豊かさ」よりも「心の豊かさ」を望み、所有欲求よりも存在欲求の充足を求めていることがデータからも明らかである。

そのためには「人間国家」を目指して、舵を切っていくしかないのである。

二 「学びの社会」を創る

新自由主義における「無慈悲な企業」

旧来の産業構図が行き詰まり、新しい産業構造へと転換しなければならない歴史の「峠」で、新しい産業の創設へと投資が向かわないと、バブルが生じる。これは歴史が教えてくれる。新しい産業へ投資をすべきときに、一七世紀のオランダのようにチューリップの球根を熱に浮かされて購入すれば、バブルが発生する。一七二〇年代のイギリスで生じた「南海会社泡沫《ほうまつ》恐慌」も、海の水を水銀に変えるというようなプロジェクトに投資した結果の文字どおりの「泡沫（bubble）」だったのである。

「人間国家」を目指して、工業社会から知識社会へ転換していくためには、産業構造を転換する必要がある。そうしなければバブルが生じ、バブルが弾けるというバブル経済が繰り返されるだけである。しかし、新自由主義を信仰すると、産業構造を転換する方向には投資は向かわない。

バブルの発生と崩壊のドラマが、繰り返し上演されるだけである。

新自由主義が称賛する企業とは、技術革新に果敢にチャレンジする企業ではない。容赦なく人間を切り捨てる「無慈悲な企業」なのである。もちろん、そうした「無慈悲な企業」には、より人間的な生活の実現を目指して産業構造を転換していく使命など担いようがない。

繰り返しになるが、大量生産・大量消費の工業社会に代わる知識社会という産業構造のもとでは、知識によって「質」を追求する産業、より人間的な生活を送るために必要なものを知識の集約によって生み出していく産業、すなわち知識集約産業が求められる。それと同時に、人間が機械に働きかける工業よりも、サービス産業という人間が人間に働きかける産業が主軸を占めるようになる。

しかし、新自由主義が推奨する「無慈悲な企業」には、知識社会へと産業構造を転換する投資を担いえない。「無慈悲な企業」にできることは、人的投資にほかならない人件費を目の敵にして削減することである。その結果、知識社会への技術革新を可能にする人的投資を怠ってしまうのである。

進まない産業構造の転換

先に述べたように、工業社会では、主に人間の筋肉系統の能力が要求されてきたが、「人間国家」の経済システムでは人間の頭脳や神経系統の能力が要求される。つまり、知識労働と呼ぶべき形態が必要とされてくる。

工業のように人間が補助的な役割を果たすのではなく、「人間国家」の経済システムである知識社会では、人間が主体となって、より人間的な能力を発揮していく労働が要求されるようになる。こうした知識労働こそが、知識社会の絶えざる技術革新を可能にするといっても過言ではない。

ところが、日本では「人間国家」の産業構造である知識社会を目指した投資は進んでいない。というよりも、いまだに歴史的使命を終えた工業社会にしがみつこうとしている。その大きな理由は、既に紹介したサローが指摘するように、第二次大戦後の重化学工業の過程で日本は勝利者だったからである。そのためルールが変わったという事実に、前のルールでの勝利者だった日本は最後まで気がつかない。同様のことを、偉大な経営学者ドラッカー（Peter Ferdinand Drucker）が『ポスト資本主義社会——21世紀の組織と人間はどう変わるか』で、次のように指摘している。

日本を今日のような経済大国に導いた経済と産業の力は、まさに工業化時代において行なうべきことを、優れた規律と一貫性と卓越性のもとに行なった結果、手にすることができたものである。

そして、まさにそのゆえに、新しい時代、すなわちポスト工業化の時代、ポスト社会主義の時代、ポスト資本主義の時代が要求するものは、とくに日本に対して厳しいものとなる。成功を問題視することは、至難である。しかも、日本の成功はあまりに偉大である。

しかし今や、われわれは、極めて多くの分野において、すなわち事業活動、経済、企業組織、労働、情報、政治、政治体制、教育等の分野において、全く新たに考え直さなければならなくなっている。

これまでの成功をさらに磨きあげるのではなく、これからは、全く新しいことを行なわなければならない。

それは心を躍らせる、刺激的かつ挑戦的な仕事である。しかし、つらい仕事である。

（「日本語版への序文」『ポスト資本主義社会』六―七頁）

ドラッカーの口真似をすれば、日本は「心を躍らせる、刺激的かつ挑戦的な仕事である」人間国家の建設に取り組まなければならない。それが「つらい仕事」であってもである。

社会的インフラストラクチュアを張り替える

日本が産業構造を転換できない理由は、工業化の成功体験に自縄《じじょう》自縛《じばく》となっているという理由だけではない。社会的インフラストラクチュアの張り替えができていないという事実も忘れてはならないのである。

新しい産業構造を創出するには、社会的インフラストラクチュアのネットを張り替える必要がある。社会的インフラストラクチュアとは、新しい産業構造が機能する前提条件である。重化学工業を基軸とする産業構造を支えた社会的インフラストラクチュアは、全国的な鉄道網、道路網、港湾網などという交通網と全国的エネルギー網であった。農業では大地の恵みが生産の決定的要因となる。これに対して工業では、機械が生産の決定的要因となる。人間の労働は機械に従属し、機械に対して補助的役割を演じるにすぎない。そのため工業とりわけ重化学工業の生産活動の前提条件は、機械の延長としての全国的な交通網や全国的なエネルギー網などの物的インフラストラクチュアとなるのである。

あえて繰り返すと、農業では人間が働きかける自然の豊かさという「対象」が、工業では人間が自然に働きかけるための「手段」としての機械が、生産の決定的要因になっていた。しかし、「人間国家」の経済システムである知識社会では、自然に働きかける「主体」としての人間が生産の決定的要因となる。工業のように人間が補助的な役割を果たすのではなく、知識集約産業にせよ、サービス産業にせよ、主体である人間がより人間的な能力を発揮していくことになる。

情報産業や知識産業を基軸とする産業構造を支える社会的インフラストラクチュアといえば、情報通信手段を思い浮かべがちである。もちろん、情報通信手段が中心になることは間違いない。しかし、社会的インフラストラクチュアとは、ハードウェアのみを意味するわけではない。情報産業や知識産業では、ハードウェアよりもソフトウェアが、さらにはソフトウェアを担うヒューマンウェアが重要となるからである。

そうだとすれば、重化学工業社会の社会的インフラストラクチュアが物的インフラストラクチュアだったのに対して、知識社会の社会的インフラストラクチュアは、教育を基軸とする人間の人間的能力を高めて、その発揮を可能にする人的インフラストラクチュアでなければならない。つまり、知識社会への転換を可能にするためには、物的なものから人的なものへと社会的インフラストラクチュアを張り替えなければならないのである。

「土木事業国家」による時代錯誤の物的インフラ投資

日本で社会的インフラストラクチュアの張り替えが進まないことと、重化学工業化の成功体験の自縄自縛に陥っていることは、メダルの裏と表の関係にあるといえるかもしれない。それは図2－2で、日本の公的資本形成の推移をみると一目瞭然である。

第二次大戦後に先進諸国が挙《こぞ》って福祉国家を目指したのに、日本は「土木事業国家」だ、あるいは「土建国家」だ、と揶揄《やゆ》されてきた。しかし、図2－2をみれば重化学工業を基軸とする工業社会の終わりを告げる晩鐘が鳴り響いた一九七三年の石油ショックまでは、いずれの先進諸国

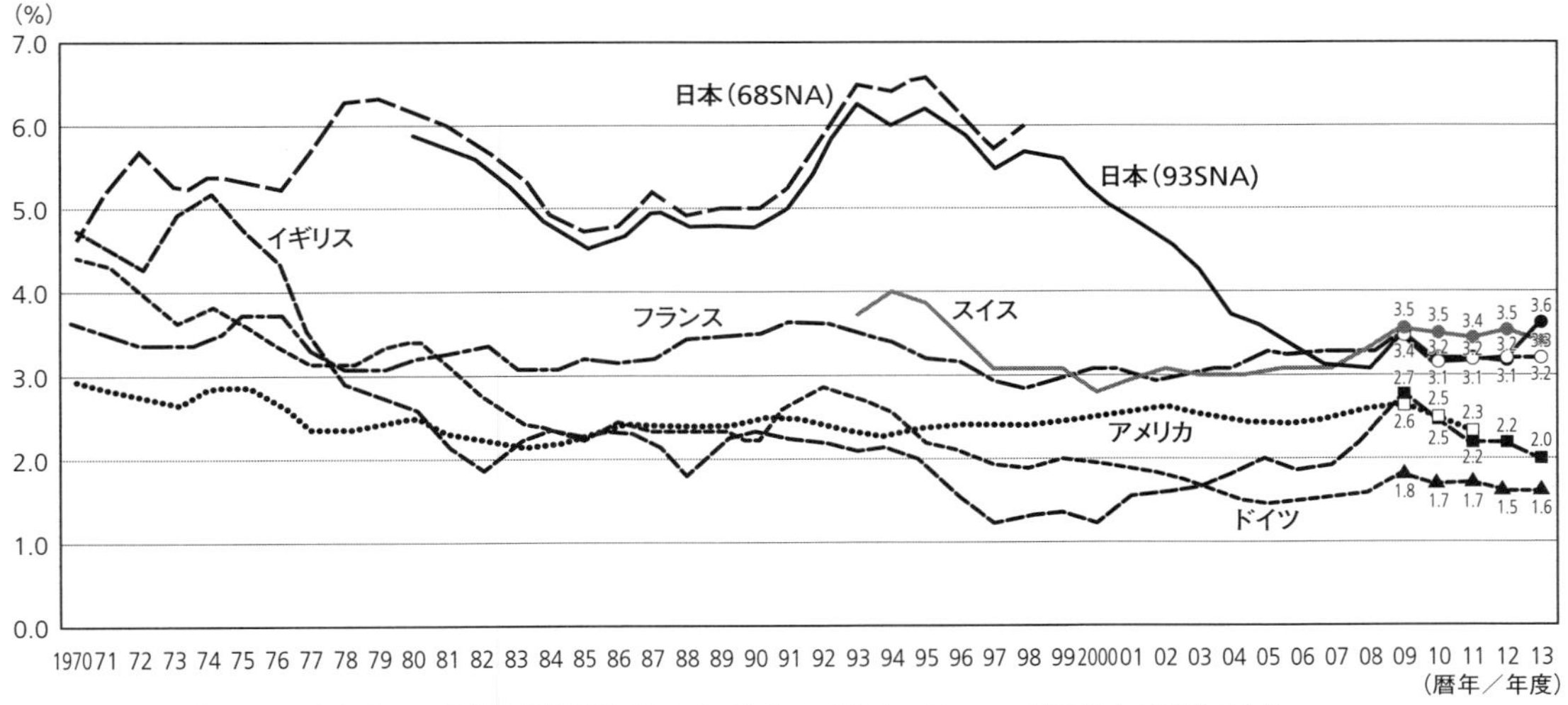

注1：日本は、内閣府「国民経済計算」に基づいて計算した数値。諸外国は、OECDデータベース「National Accounts」等に基づいて計算した数値。
注2：日本は年度ベース、諸外国は暦年ベース。
注3：最新の基準による数値が入手できなかったものについては、旧基準による数値に基づいて計算。
注4：アメリカについては、93SNA基準（研究開発等を含まない）の数値に基づいて計算。
注5：2005年のイギリスについては、特殊要因の影響を除いた数値に基づいて計算。
注6：フランスは1978年度以降、ドイツは1991年以降、93SNA基準の数値に基づいて計算。
注7：ドイツについては、1990年以前は西ドイツの数値に基づいて計算。

図2-2　一般政府の総固定資本形成（対GDP比）の推移
出所：内閣府資料

の公的資本形成も高い水準にあったことがわかる。

一九七三年の石油ショックまでは、重化学工業を基軸とする工業社会の時代だったから当然である。いずれの先進諸国も全国的交通網や全国的エネルギー網という物的インフラストラクチュアの整備に情熱を傾けたのである。

しかし、一九七三年の石油ショックが、重化学工業時代の晩鐘を打ち鳴らすと、一斉に先進諸国は公的資本形成の水準を低めていく。古き重化学工業の時代の物的インフラストラクチュアを整備するよりも、新しい時代の社会的インフラストラクチュアを整備しなければならないからである。

ところが、日本はとみれば、一九七三年以降も高い公的資本形成の水準が追い求められている。誰の眼にも工業社会の終わりが明らかで、新しい時代の社会的インフラストラクチュアを模索しなければならない転換期に、日本は時代錯誤の公共事業を継続していった。ここに日本が「土木事業国家」だといわれる所以《ゆえん》がある。

「公共投資基本計画」と「失われた一〇年」

一九七三年に石油ショックが生じるとともに、固定為替相場制度が変動為替相場制度に移行し、日本はゲームのルールが変わったことを思い知らされたはずである。石油ショックに見舞われ、変動為替相場制度に移行すれば、円は当然のごとく切り上げられる。円が切り上げられ、石油ショックによる「狂乱物価」が収束すると、日本は公共事業へと血道をあげていく。図2－2をみれば、一九七五年頃から公的資本形成が高まる山が形成されていくことが見てとれるはずである。

もっとも、景気回復とともに公共事業は徐々に抑制されていく。ところが、一九八五年に再び舞台は回る。それはニューヨークのプラザホテルで開催された、先進五カ国蔵相・中央銀行総裁会議（G5）で、円高を容認するプラザ合意が成立するからである。

このプラザ合意で円・ドルレートは、一ドル二四〇円から約一年で、一五〇円への異常な円高へと進む。しかも、プラザ合意を契機に、日本の予算編成過程に、アメリカの政治的圧力が介在してくるようになる。つまり、アメリカから内需拡大のために、巨額な公共事業が執拗に迫られてくる。

日米構造協議にもとづいて策定された「公共投資基本計画」では、一九九一年度から二〇〇〇年度までに四三〇兆円の公共投資をすることになった。こうした大規模な公共投資の内容には、関西国際空港、東京湾横断道路などの大規模なプロジェクトを含み、それに民間資金を活用して実施することも盛り込まれる。つまり、本来は新規模産業や技術革新のために活用されるべき民間資金が、時代錯誤の大規模な物的インフラストラクチュアの投資に向けられてしまったのである。

一九九四年には四三〇兆円の「公共投資基本計画」は、六三〇兆円へと上方修正されていく。図2－2をみれば、アメリカの要請を背景に、一九九〇年代に高い水準の公共投資の山が築かれていったことが一目瞭然である。

「ポスト工業社会」を形成していくための前提条件として社会的インフラストラクチュアを模索していく画期に、衰退していく重化学工業時代の物的インフラストラクチュアを公共事業で築いていけば、結果は火を見るより明らかだった。それがバブルに明け暮れた「失われた一〇年」なのである。

もっとも、図2－2をみれば明らかなように、一九九〇年代の末期頃からは日本でも公的資本形成を急速に低めていく。しかし、それは「ポスト工業社会」を形成すべく、重化学工業時代の社会的インフラストラクチュアを張り替える方向へと舵が切られたことを意味しない。というのも、アメリカがプラザ合意以降、「土木事業国家」の道を疾走することを強要するだけにとどまらず、所得税と法人税の減税を強く要求したからである。

そのため法人税と所得税の減税が繰り返し、対外公約として実施されていく。当然のことではあるけれども、公共事業の財源は公債によって調達される。その上、法人税も所得税も減税されていけば、財政収支は急速に悪化していく。そのため一九九〇年代末期から公的資本形成を抑制していかざるをえなくなったのである。

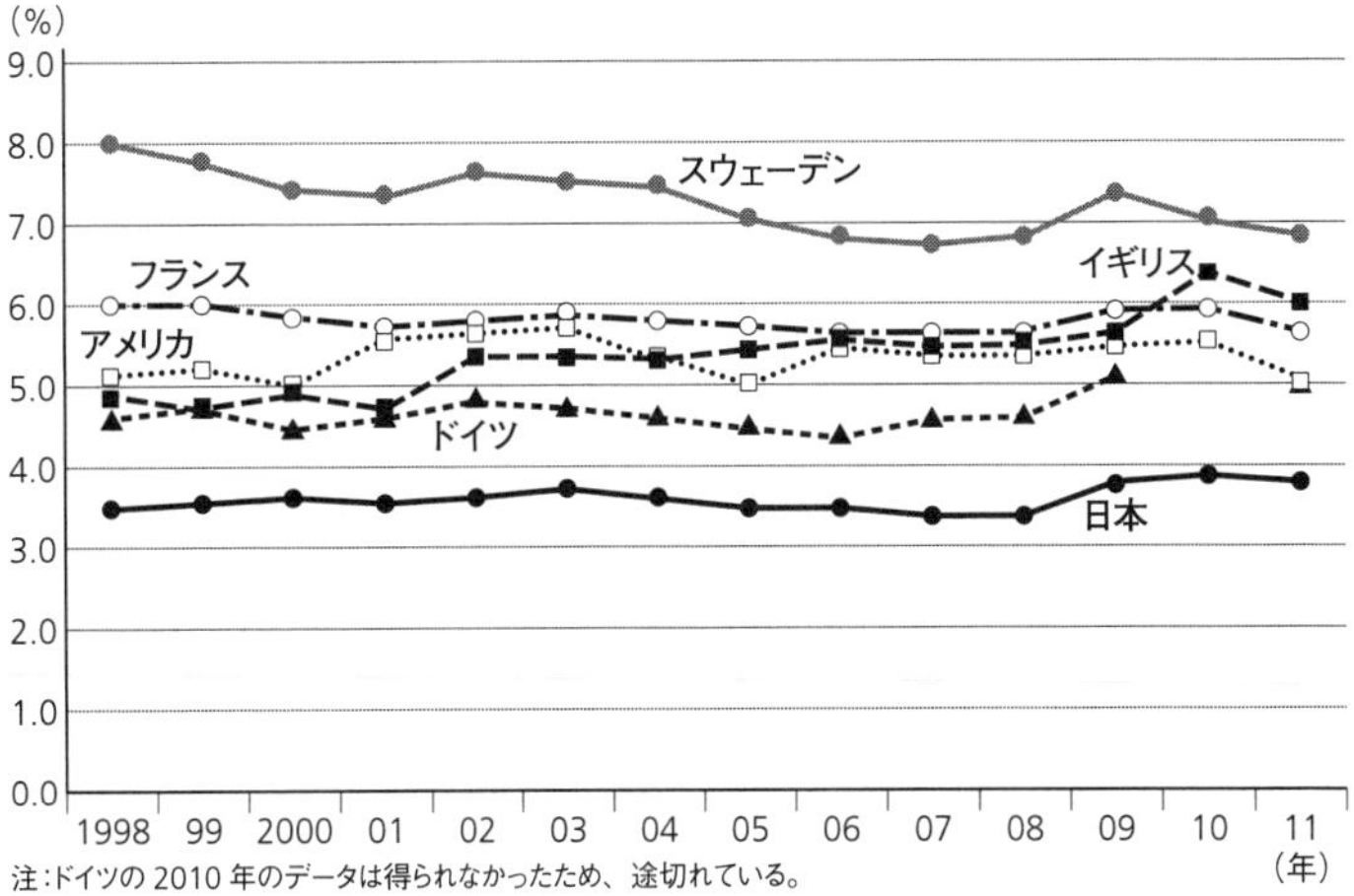

注:ドイツの2010年のデータは得られなかったため、途切れている。

図2-3　GDPに占める公的教育支出の割合
出典:OECD「図表でみる教育」(2014年度版)

知識社会における学校教育の使命

既にみたようにポスト工業社会が知識社会であるとすれば、その社会的インフラストラクチュアは人的インフラストラクチュアであり、その基軸は教育である。そのため先進諸国とりわけスウェーデンを中心とする北欧諸国は、石油ショック以降、公的教育支出の比重を高め、図2－3から理解できるように、高い水準を維持している。

ところが、日本はとみれば、公的教育支出の比重は先進諸国で最低といってもいいすぎではない水準で低迷し続けている。公的教育支出の低水準に象徴されるように、日本では物的インフラストラクチュアから人的インフラストラクチュアへの張り替えが進んでいないのである。

「人間国家」における教育は、学校教育だけでは担えない。知識社会においては、生産の「場」である経済システムでも、人間の人間的能力の全面開花を要求される。そうである以上、生産の「場」である経済システムとともに、生活の「場」である社会システム、それに民主主義の学校としての政治システムの教育機能を総動員する必要があるからである。

そのためには、学校教育以外の社会システムや経済システムにおける教育機能を高め、社会全体として体系的な教育を形成しなければならない。それと同時に、そうした教育体系の基軸として、学校教育も内包的かつ外延的に教育機能を拡大していく必要がある。

知識社会における学校教育の使命とは、知識社会の教育体系への「参加保障」である。それは知識社会そのものへの「参加保障」にもなる。つまり、知識社会における学校教育とは、生産の「場」としての経済システムにおける労働市場への「参加保障」、生活の「場」としての社会システムにおける地域社会への「参加保障」を使命とするのである。

もちろん、社会システムにおける自発的な教育機能は高めなければならない。それを高めるのは社会の構成員自身である。とはいえ、社会の構成員が社会システムの自発的な教育機能を高める活動に参加するためにも、学校教育はその条件を整備する必要があるのである。

一九世紀のままの高等教育

教育は社会全体で担われるべきものであり、学校教育とは、社会全体で担われる教育の一部にすぎない。だが、知識社会になると、社会全体の教育の「結節点」として、学校教育は再生されなければならない。つまり、学校教育は知識社会を基盤とした「人間国家」に移行するにともなって、膨張する社会全体で担われる教育の基軸として再創造されなければならないのである。

そのために、学校教育は外延的にも、内包的にも拡大していく必要がある。しかも、「やり直しの利く学校教育」として再生していかざるをえない。とくに日本では、知識社会の人的インフラストラクチュアの基幹をなす「やり直しの利く学校教育」が立ち遅れている。こうした点についてドラッカーは、日本国民に次のように警告していたのである。

いろいろな面で日本は、本書が論じている中心的な変化の一つである知識社会への移行に関して、最もよく準備されている。

日本と同程度の大学進学率をもつ国は、アメリカしかない。しかも日本には、三〇年ないし四〇年前にアメリカでは失われてしまったもの、すなわち知識労働者を支える、教育程度の高い、よく訓練されたサービス労働者がいる。この点に関して日本と並びうるのは、ドイツだけである。

しかし同時に、他のいろいろな面で、日本の経済や社会は、新しく生じてきたニーズに応える体制にまだなっていない。

たとえば教育の分野では、学歴の高い人たちの継続学習のための機関として大学を発展させる必要性が、十分に認識されていない。

日本の高等教育は、いまだに、成人前かつ就職前の若者の教育に限定されている。しかしそのような体制は、二一世紀のものでないことはもちろん、二〇世紀のものでもない。一九世紀のものである。

（前掲書、一一二頁）

「やり直しが利く」教育体系

ドラッカーの警告に従えば、知識社会では、高等教育がやり直しの利くように設置されていなければならない。というよりも、学校教育全体がやり直しが利くように設計される必要がある。「やり直しの利く教育」を目指すことは、「生涯学習戦略」と呼ばれている。それは学校教育が学校教育以外との教育とも結びついていくということを意味している。

「生涯学習戦略は、知識社会を推進する主要な手段として役に立ちうる」と、二〇〇一年に開催されたＯＥＣＤ（経済協力開発機構）の「国際レベル教育委員会会合」は提唱している。こうした知識社会を支える生涯学習戦略は、学校教育を外延的かつ内包的に拡大しながら、社会のさまざまな教育機能と結びつけなければならない。

それは「リカレント教育」という言葉に象徴されている。一九七三年にＯＥＣＤが発表した

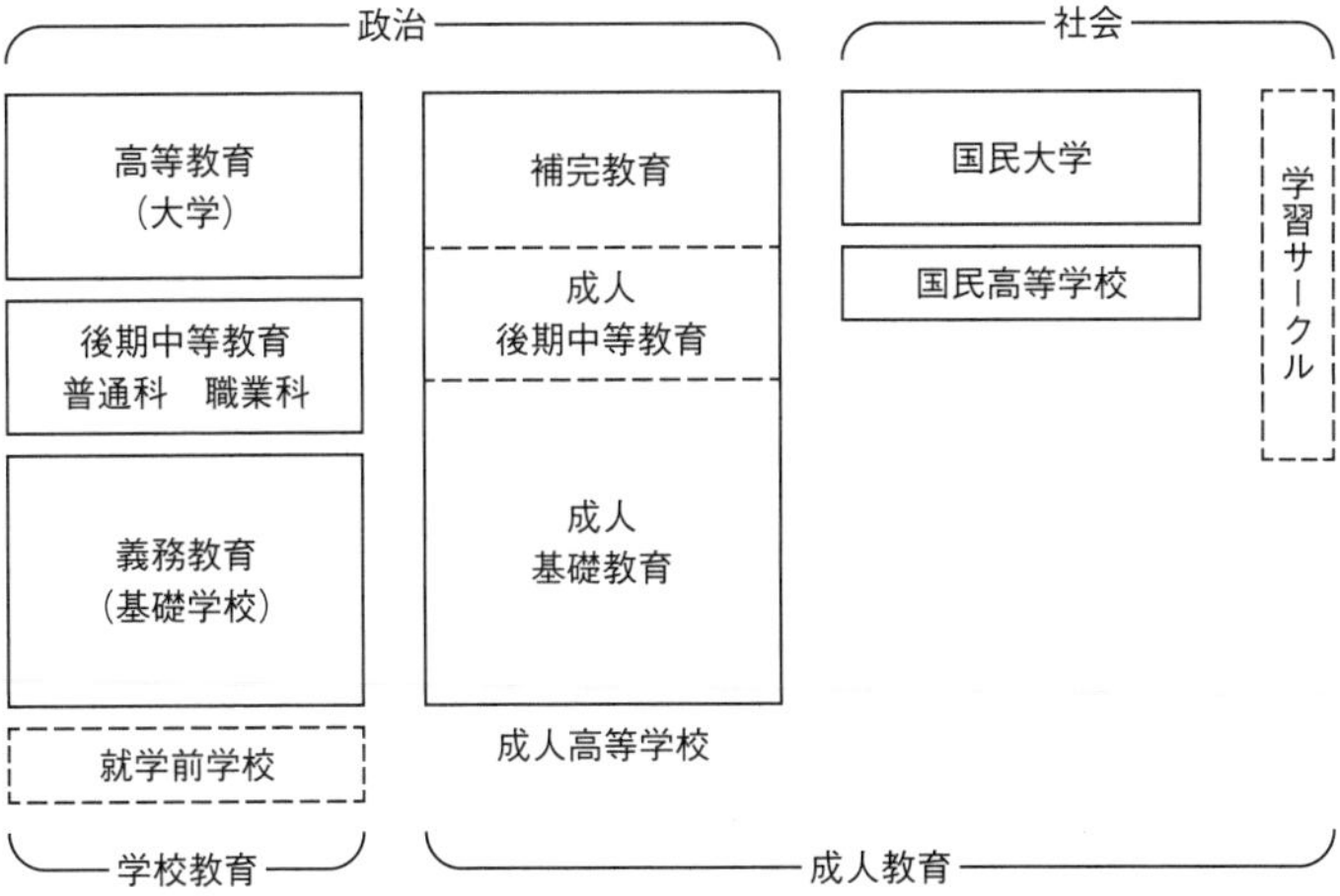

図2-4　スウェーデンの教育制度

『リカレント教育――生涯学習のための戦略』では、リカレント教育を「すべての人に対する、義務教育終了後または基礎教育終了後の教育に関する総合的戦略であり、その本質的特徴は、個人の生涯にわたって教育を交互に行うというやり方、すなわち他の諸活動と交互に、特に労働と、しかしまたレジャー及び隠退生活とも交互に教育を行うことにある」と定義している。

リカレント教育は、ストックホルムの旧市街で暗殺の悲劇で命を落としたパルメ首相（Sven Olof Joachim Palme）が、教育相であった一九六九年に、フランスで開催されたヨーロッパ教育会議で、スウェーデンの一九六八年の高等教育改革を紹介する際に使用した言葉である。

リカレント教育の概念を生み出したスウェーデンの教育体系は、図2－4に示したように、学校教育と成人教育の二本立てから構成されている。スウェーデンの学校教育は義務教育、後期中等教育、高等教育の三段階に分かれている。

学校教育と成人教育が二本立てになっているスウェーデンでは、コミューンつまり市町村が、二〇歳以上の成人を対象とする教育機関であるコンプックス（komvux）つまり「成人高等学校」を設置しなければならないこととなっている。もちろん、「成人高等学校」の目的は、いつでも成人が学校教育に戻れるようにすることにある。一九九〇年代の改革によって、「成人高等学校」は後期中等教育の教育機能、義務教育の教育機能、さらに職業教育である補完教育を実施している。

知識社会を目指すスウェーデンでは、労働市場に参加するには、原則として後期中等教育つまり高等学校の修了を求めている。そのため何らかの理由で、後期中等教育までの教育を修了していない者に対して、後期中等教育課程までの教育機会を提供することが、「成人高等学校」の任務となる。「成人高等学校」における義務教育課程の受講者は、そのほぼ半数が外国人である。

「成人高等学校」は同時に、後期中等教育修了者に対して、補完教育と呼ばれる職業教育を実施する職業訓練機関でもある。つまり、学校教育で修得した人間的能力を、職業的能力に結びつけるように補完する教育をも実施している。こうした職業教育を実施しているため、「成人高等学校」は失業者の職業転換を促進するためにも動員されている。

学校教育と成人教育の結合

知識社会では学校教育と労働とが有機的に関連づけられて、人間が人間的能力を成長させていけるように、学校教育と成人教育が体系的に結合されていかなければならない。学校教育で身につけた能力と、労働をとおしてさらに人間的能力を高め、さらにまた学校教育あるいは成人教育に戻り、人間的能力を高めて労働に戻るという循環が形成されている必要があるからである。

もちろん、ドラッカーが強調するように、知識社会では高等教育つまり大学教育がポイントとなる。スウェーデンの高等教育法では、高等教育の基本原則は「生涯教育」と定められている。スウェーデンの大学には、入学試験はない。後期中等教育で入学試験がないのと同様である。高等教育つまり大学への進学は、後期中等教育つまり高校での成績とともに、職業経験で決められる。だからこそ、職業経験を積んでからの大学進学が容易となる。

スウェーデンで高等教育を受けている者は、スウェーデンの人口の二パーセントにあたる約一七万人である。その平均年齢は二八歳である。「いつでもやり直しが利く」からである。しかも、スウェーデンでは高等教育が職業資格と密接に結びついている。

医学部に進学して必要な単位を取得すれば、医師になれる。法学部に進学して必要な単位を取得すれば、弁護士になれる。薬学部に進学して必要な単位を取得すれば、薬剤師になれる、というようにである。したがって、薬剤師になるための資格試験はいらない。

もちろん、単位を取得するためには、学ばなければならない。しかも、単位は合格するまで、何度でも受けなおさないと取得できない。遊んでいれば、繰り返し、繰り返し学びなおすことになる。もっとも、スウェーデンでは高等教育の授業料は無償である。高等教育に限らず、スウェーデンでは教育費は原則的に無償である。というよりも、ヨーロッパでは、イギリスなどの例外を除けば、教育費は原則無償である。

しかし、高等教育の授業料は無償だとしても、職業をやめてから進学するとすれば、生活費が問題となる。しかし、スウェーデンでは「学ぶ」者の生活費も保障されている。

こうした「やり直しが利く」教育体系は、「誰でも、いつでも、どこでも、ただで」の原則にもとづかなければ意味がない。もちろん、そうなれば公的教育支出が必要となる。しかし、先進諸国はそれに勇気を奮って挑戦している。というのも、「やり直しが利く」教育体系こそ、知識社会の人的インフラストラクチュアの基軸だからである。

多様化し、変動する人間的能力

「人間国家」の経済システムである知識社会が要求する「量」を「質」に置き換える人間的能力は多様な形態をとる。もちろん、どのような能力が必要になるかは未知なので、それぞれの人間が掛けがえのない能力を開花させていくしかない。しかも、知識社会では常に人間的能力を高めて、より「質」の高い財・サービスを「開発」していくことになる。財・サービスを生産していくプロセスも、絶えざる「改良」を加えざるをえない。

そうだとすれば、要求される人間的能力は、多様化するとともに、激しく変動することになる。しかも、こうした「開発」、「改良」、「技術革新」を推進していく能力とは、問題認知能力であり、問題解決能力であり、想像力である。つまり、これまでの学校教育が標準化してきた読み、書き、計算などの反復的訓練では身につかない能力が要求されることになる。

知識社会では工業社会のように、標準化された反復訓練によって身につける能力や、標準化された知識を強制的に詰め込まれて獲得できる能力は、必要とされなくなってくる。問題の所在を認知するとともに、認知した問題を創造的に解決していく能力、「学び」続けることを動機づける能力が、知識社会では必要とされるのである。

「知識資本」の蓄積

知識社会の労働市場が要求する多様で変動する人間的能力に対応するためには、既に述べたように「やり直しが利く」教育体系が人的インフラストラクチュアとなる。しかし、たとえ個人的に人間的能力を身につけたとしても、そうした能力は相互に惜しみなく与え合わないと効果がない。

学問の世界で、偉人とは、知識を所有して他者に与えない人間のことではない。偉人であるかどうかは、知識を惜しみなく他者に与え、いかに学問の発展に貢献したかによって決められる。

工業社会では、「蓄えること」が美徳であった。しかし、知識社会では、知識は個人的に貯蓄しても、他者に与えないと意味がない。知識社会では「与えること」が美徳となるのである。それは知識社会では、所有欲求の充足よりも存在欲求の充足が重視されることの反映でもある。

こう考えてくると、知識社会では人間的能力として、二つの要素が重要になることがわかる。一つは、個人的な人間的能力である。もう一つは、その個人的な人間的能力を惜しみなく与え合う人間の絆である。

後者の人間の絆は、社会関係資本（social capital）と呼ばれるものである。前者の個人的能力と、後者の社会関係資本をあわせて「知識資本」と呼ぶと、知識社会では知識資本の蓄積が経済システムでの生産活動を規定することになる。

ところが、この社会関係資本とは、人間の生活の「場」である社会システムの凝集力である人間の絆だといってもよい。つまり、「人間国家」の経済システムである知識社会では、社会システムの凝集力が経済発展にとっても決定的な意味をもつのである。

知識社会を支える「学びの社会」では、「誰でも、いつでも、どこでも、ただで」の原則のもとに、学校教育と成人教育の教育体系が人的インフラストラクチュアとして形成されなければならない。しかも、そうした学校教育や成人教育と、「人間国家」での経済システムにおける職業とを、往き来する条件が整備されなければならないのである。

「学びの社会」としての「知識社会」

しかし、知識社会を突き動かす動力は、あくまでも社会を構成する人間自身の「学び」の欲求である。つまり、国民の学ぼうとする学習運動であり、国民の教育運動である。


何かを学ぶということは、つねに人間の心の中のプロセスです。このことは、誰かが何かを教えてくれるだろうという期待をもつことができないことを意味しています。

あなたは、自分で学ばなければなりません。

あなたが、教師として他人に何かを教えるということも、確かではありません。

しかしあなたは、他人が自ら学ぶ状況をつくる手助けや、他人に学ぼうとさせる刺激を与えることはできます。

人は誰でも、適切な動機づけがあれば、驚くほどの速さで学習するのです。


（『視点をかえて』二〇四頁）

これは既に紹介した、スウェーデンの環境教育の教科書である『視点をかえて――自然・人間・全体』のなかの、「読書会への手引き」というコラムの一項目「ものを学ぶということ」についてのコーレ・オルソン（Käre Olsson）の言葉である。ここには「学びの社会」スウェーデンの「学ぶ」ことへの考え方が、如実に示されている。それは、人間には誰にでも人間として成長したいという欲求がある、それだからこそ、適切な動機づけさえあれば人間は自発的に「学び」成長していく、という考え方である。

教育を意味するエデュケーション（education）とは、ラテン語で「引き出す」を意味するエデュカチオ（educatio）に語源がある。つまり、外側から圧力を加えて変化させることではなく、内在しているものを引き出すことが、教育なのである。

「盆栽型」教育と「栽培型」教育

折原浩東京大学名誉教授の教えに従いながら分類すると、教育は「盆栽型」教育と「栽培型」教育とに分類することができる。「盆栽型」教育とは、外から圧力を加えて変形していく教育である。つまり、自然には曲がらないにもかかわらず、針金で外から圧力を加えて枝を曲げて、「盆栽」を作成するように、「鋳型」にはめるように教育することである。

「栽培型」教育とは植物を栽培するように、枝を伸びたいように伸ばしていく教育である。つまり、「栽培型」では人間が成長したいように成長できるようにするために、肥料を施したり、害虫を駆除したりすることが教育の役割となる。

工業社会の教育が「盆栽型」教育だったとすれば、知識社会では「栽培型」教育へと転換しなければならない。というのも、人間の多様な能力の開花が要求されるからである。

知識社会では、人間は「学びの人」となる。しかし、それは経済システムを発展させるからではない。そもそも人間は自己改革の主体であり、人間は「学びの人」なのである。「学ぶ」ということは、人間が「生きる」ということと同義だといってもよい。しかも、教育とは「学び合う」過程であることを忘れてはならない。つまり、「仲間」と学び合いながら、自己変革を遂げていく過程である。もちろん、人間は相互に自己変革を遂げ、社会を変革して、人間の歴史を発展させていく。「人間国家」とは、こうした「学びの社会」が開花していくことなのである。

三　生活保障から参加保障へ

社会的セーフティネットの張り替え

福祉国家から「人間国家」に移行するためには、社会的インフラストラクチュアだけではなく、社会的セーフティネットをも張り替えなければならない。

社会的インフラストラクチュアが生産の「場」における営み、つまり生産活動の前提条件だったのに対して、社会的セーフティネットは生活の「場」における営み、つまり生活活動の前提条件となる。セーフティネットとは、サーカスの空中ブランコなどで、演技者が演技に失敗して落下しても、死ぬことがないように張ってある安全網を意味している。社会的セーフティネットも、生活活動に支障が生じても、死に至ることがないように生活を保障する安全網にほかならない。こうした社会的セーフティネットを張り替えなければ、知識社会という新しい経済システムにチャレンジする冒険的行動が生まれないからである。

人間は生命を維持するために、家族やコミュニティという共同体をなして生活する。共同体の内部では、その構成員がサバイバルするために必要なニーズは、共同体内部の構成員相互の共同作業と相互扶助によって充足される。つまり、共同体内部の自発的協力によって、その構成員の生活は保障されている。

しかし、共同体がその構成員の生活保障に失敗すれば、政治システムが共同体の構成員の生活保障に乗り出さざるをえない。社会の構成員の生活保障をしなければ、政治システムが使命とする社会統合を果たせないからである。それだからこそ飢饉が生じ、共同体が構成員の生活保障に失敗した場合には、領主は自らの蔵を開いて領民に食糧を配給したのである。

「大きな社会」の動揺

ところが、既に述べたように、市場社会が成立するということは、要素市場が成立し、「家計」と「企業」が分離することを意味する。つまり、市場社会では家族という共同体が担っていた生産機能と、生活機能が分離している。市場社会が成立するまでの社会では、家族という共同体は、生産機能と生活機能を統合的にあわせもっていた。しかし、市場社会が成立すると、家族機能から生産機能が抜け落ち、家族の機能は生活機能に特化していく。つまり、家族の構成員の生存を維持していくために必要な生産物は、生産機能を含む企業が生産し、家計がそれを生産市場から購入することになる。

もっとも、家族が営む生活機能にも、生産機能が残存している。企業から生産物市場を通じて購入した生産物は、生活機能に残されている生産活動により加工される。たとえば食事であれば、食糧品は生産物市場から購入されても、家族内部の無償労働で調理されて、家族の構成員に必要に応じて無償で配分されることになる。こうして家族の内部では、生存に必要なニーズが充足され、家族の生活保障がなされる。

しかし、消費財を生産物市場から購入するには、要素市場に労働サービスを提供して賃金を獲得しなければならない。そのため共同体の自発的協力に、無償労働を提供する余地がなくなってしまう。こうして要素市場が成立し、企業と家計が分離するとともに、共同体の自発的協力が劣化していくことになる。

とはいえ、軽工業段階の近代社会では、生産機能をも備えた農民や自営業者の家族が多く存在していた。そうした生産機能を備えた家族の構成員が、地域コミュニティの共同作業や相互補助という無償労働に参加するため、地域共同体の生活保障機能も作動していた。しかも、労働者の家族でも、食糧や衣料を購入するだけにすぎなかった。それも未完成品が多く、加工作業は家族内で実施され、生産機能も多く残存していた。つまり、近代社会ではなお、「大きな社会」が存在していたのである。

もちろん、疾病、老齢、失業などによる貧困が経済システムによって生じることはないと認識されていたわけではない。しかし、そうした問題は個人的問題であって、私有財産と個人を結びつけている家族やコミュニティという社会システム、つまり「大きな社会」が処理すべきだとみなされていたのである。

「大きな市場」による社会システムの侵食

軽工業段階から重化学工業段階へと移行し、「大きな市場」が形成されると、衣料や食糧でも加工作業を必要としない完成品が多くなる。そればかりではなく、家族内の無償労働を代替する洗濯機や掃除機も市場から購入される。しかも、地域社会のコミュニケーションや共同作業に代替するラジオ、テレビ、自動車まで登場し、それを家計が消費財として購入することになる。つまり、生活の「場」である社会システムの領域が「大きな市場」によって侵食されてくる。

こうした「大きな市場」による社会システムの侵食は、いうまでもなく家族やコミュニティの機能縮小をもたらす。しかし、その背景として、電機産業や自動車産業を戦略産業とする産業構造が形成されたことを指摘する必要がある。つまり、それは軽工業中心の近代社会の経済システムの産業構造から、耐久消費財である電機産業や自動車産業を戦略産業とする重化学工業中心の多軸的産業連関を特色とする現代社会の産業構造へと発展したことを反映したものであった。

社会システムである家族やコミュニティの無償労働によって生産されていた財・サービスが、多軸的産業連関を備えた経済システムによって供給されるようになるということは、大量消費市場の成立を意味している。しかも、こうした社会システムの市場化は、相乗的に拡大していく。

家族内労働という社会システムによる生産が、経済システムへと市場化されると、次々に市場によって社会システムが浸食される。たとえば洗濯をクリーニング屋に外注すれば、クリーニング屋を往復する輸送手段として自動車が必要となる。自動車の普及が進むと、こんどは食事の外食化が促進されるという具合にである。

このように、社会システムの無償労働の領域が経済システムの大量消費市場の領域に取ってかわられるようになると、家族やコミュニティによる共同作業や相互扶助による生活保障機能が急速に衰退する結果となる。近隣や友人同士の訪問どころか、家族相互のコミュニケーションの機会も減少する。家族はますます孤立化し、コミュニティから疎外され、共同作業や相互扶助の絆は切断されてしまう。

こうして「大きな社会」は急速に縮小して、「小さな社会」となってしまう。「大きな社会」による生活保障機能が劣化すると、生活保障は要素市場が分配してくれる所得にすがることになる。しかし、要素市場の所得分配は生活保障を果たさない。それどころか要素市場による所得分配は、格差や不安定性をもたらし、それに人間の生活が引き回されることになる。もちろん、こうした格差や不安定性は、社会システムに亀裂や抗争を生じさせ、社会統合を困難にする。そのため政治システムが国民の生活保障責任を引き受けざるをえなくなる。

それが、福祉国家という「大きな政府」である。

現金給付による生活保障

福祉国家の生活保障とは、現金給付によって成立している。つまり、福祉国家とは市場の外側で、政府が所得を再分配して国民の生活保障をする所得再分配国家である。

それは、福祉国家の経済システムが重化学工業を基軸とする産業構造を内実としていたからである。重化学工業では同質の筋肉労働を大量に必要とするため、主として男性が労働市場に働きにいく。軽工業の時代には製糸業でも綿織物業でも、労働市場に進出したのは女性である。その見返りとして、重化学工業を基軸とする産業構造のもとにおける社会システムでは、主として女性が無償労働を担うことになる。

そうすると、重化学工業を基軸とする産業構造のもとでは、主として男性が労働市場に働きにいき、女性が家族内において無償労働に従事するという家族像を想定できる。したがって、男性が稼いでくると想定されている賃金所得を、政府が保障すれば、育児にしろ、養老にしろ、家族内で主として女性が無償労働で賄い、家族の生活が維持されていくと想定できたのである。

そこで福祉国家のもとでは、市場の外側で賃金を正当な理由で喪失したときに、政府が賃金の代替としての現金を給付さえすれば、国民の生活を保障することが可能となった。つまり、失業して賃金を喪失すれば失業保険で、疾病で賃金を喪失すれば疾病保険で、高齢で賃金を喪失すれば年金で、というようにである。

さらに、最低生活を保障する賃金が稼得できなければ、生活保護を給付するという具合に現金を給付することで、国民の生活の保障が実現できたのである。というのも、福祉国家のもとでは、家族内で無償労働に従事して、福祉サービスを生産する、主として女性の存在を想定できたからである。

そうだとすると、福祉国家の現金給付には二つの種類があることになる。一つは、正当な理由で賃金を喪失したときに、賃金の代替として、政府が現金を給付する場合である。社会保険がこれにあたる。

もう一つは賃金が稼得できない、あるいは稼得したとしても生活維持が困難な場合に、政府が現金を給付する場合である。それには生活保護などの公的扶助がある。

こうした賃金代替ではない現金給付には、賃金の稼得が生来の事情で不可能な場合に給付される現金給付もある。児童が賃金を稼得する能力が備わるまで、生存を維持するための貨幣として給付される児童手当も、賃金稼得が不可能な場合に給付される現金給付ということができる。

現金給付から現物給付へ

しかし、重化学工業を基軸とする工業社会から知識社会へとシフトすると、福祉国家による現金給付による所得再分配だけでは、国民の生活保障に限界が生じる。というのも、現金給付による生活保障は、女性を想定した無償労働に従事する者が家族内に存在していて、家族内で福祉サービスなどの対人社会サービスが生産されることを前提としているからである。

ところが、知識社会にシフトすると、家族内で無償労働に従事していた女性も、労働市場に参加するようになる。なぜなら、知識社会において、基軸となる産業は、知識産業やサービス産業というソフト産業系だからである。重化学工業の時代のように、同質の筋肉労働が大量に必要とされることはなく、女性労働も大量に必要になる。そうなると、これまで女性が担っていた家族内の無償労働による対人社会サービスの生産が困難となり、政府が福祉サービスなどの対人社会サービスを提供せざるをえなくなる。

新自由主義は、時代錯誤にも家族機能が縮小していく時代の転換期に、現金給付を削減して「小さな政府」にし、その代替を家族機能に期待している。しかし、歴史の流れは家族機能に代替する現物給付、つまり対人社会サービスを提供することを求めているのである。

新自由主義は対人社会サービスという現物給付を提供するどころか、これまでの現金給付の削減をも求める。しかし、知識社会への歴史の転換期には、対人社会サービスを提供しないと、貧困と格差が溢れて出てしまう。というのも、それは歴史の転換期に、社会的セーフティネットを取り外せといっているのに等しいからである。

共同体機能を代替する三つの現物給付

社会保障給付には、現金給付と現物給付がある。現物給付つまりサービス給付は、家族やコミュニティなどの共同体で担われてきた相互扶助サービスなどの代替だといってよい。それは家族やコミュニティなどの共同体機能が衰退してきたために、政府が社会化したのだと考えてよい。

こうした共同体機能を代替する現物給付は、相互扶助代替サービス、家族内相互扶助代替サービス、共同体維持（祭事）代替サービスの三つに分類することができる（図2-5）。

第一の相互扶助代替サービスは、地域共同体の相互扶助によって担われてきた教育、医療、福祉という社会サービスである。こうした相互扶助は、ヨーロッパでいえば教会によって担われてきたサービスだということができる。

第二の家族内相互扶助代替サービスは、家族内部の労働によって担われてきたサービスである。高齢者に対する養老、子供に対する育児という保護サービスである。

第三の共同体維持（祭事）代替サービスは、ボランティア活動によって担われてきた共同体の祭事などの延長線上に位置づけられる、レクリエーションや文化活動である。自然と人間との物質代謝に拘束される時間が減少し、自由時間が増大すれば、こうした公共サービスが増加していくことになる。

第一の相互扶助代替サービスである教育と医療は、早くから専門家集団にサービスの生産が委ねられる。そのため教育は社会保障とは観念されなくなり、医療も現金給付の社会保険と結びつく場合が多い。とはいえ、宇沢弘文先生が指摘されるように、教育も医療も社会的共通資本の基軸である。つまり、専門家集団との間にコモンズを形成することが重要となる。もちろん、ここでいう「コモンズ」とは、単なる共同で所有し、共同で管理する共有地ではない。宇沢先生はコモンズを「さまざまな形態をとるが、いずれも、ある特定の人びとが集まって協働的な作業として、地域の特性に応じて、持続可能なかたちで社会的共通資本を管理、維持するための仕組み」であるとしている、つまり、コモンズという共有地を「ある特定の人びとが集まって協働的な作業として」管理するために自発的に形成された自治の「仕組み」なのである。

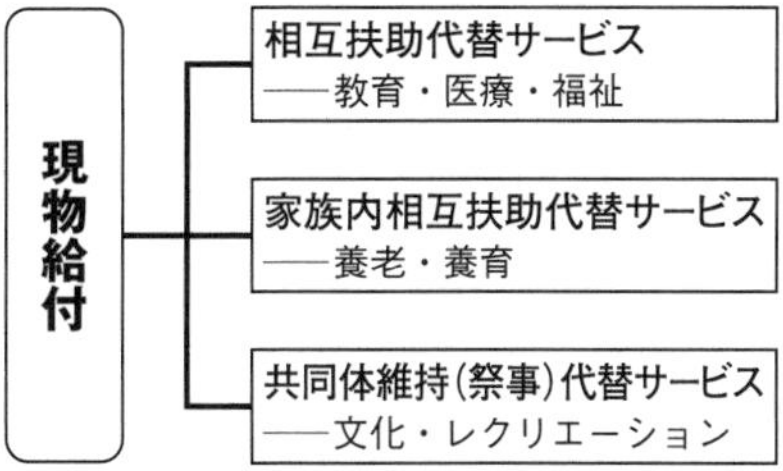

図2-5　現物給付

教育も医療も社会的共通資本だとすれば、それを教える者と学ぶ者、医師と患者という「ある特定の人びとが集まって協働的作業として」、自発的自治として維持・管理されなければならないことになる。教える者と学ぶ者との「学びの共同体」、医者と患者との「癒しの共同体」を形成することこそが、教育と医療を機能させるポイントとなる。

しかし、工業社会から知識社会へ転換するにあたって、必要不可欠な社会的セーフティネットは家族内相互扶助代替サービスである。

こうした家族内の無償労働代替の現物給付が提供されないと、工業社会から知識社会へとシフトしていく転換期には、労働市場が二極化してしまう。というのも、既に指摘したように、知識社会にシフトすれば、女性を主とする無償労働に従事していた者も、労働市場に進出するようになるからである。

こうした状況のもとで、無償労働代替の現物給付が提供されないと、二つのタイプの労働市場への参加形態が生じる。一つは無償労働に従事しつつ、労働市場へ参加するタイプである。もちろん、主として女性がこのタイプになる。もう一つは無償労働から解放されていて、労働市場に参加するタイプである。こちらは主として男性がタイプとなる。

こうした二つのタイプの労働市場への参加形態が形成されると、労働市場がパートの労働市場と、フルタイムの労働市場に分断される。つまり、労働市場が二極化してしまうのである。

そうなると、格差や貧困が溢れ出ることになる。日本で格差と貧困が溢れ出ているのは、労働市場が二極化しているためである。そのために賃金格差が著しく拡大する。日本の貧困は、怠け者が多く、生活保護受給者が多いから生じるのではない。社会的セーフティネットの張り替えが進まないから、働けど働けど貧困から脱け出せないというワーキング・プアが生じてしまうからである。

労働市場への参加保障

工業社会から知識社会への転換期に、育児サービスや養老サービスという家族内相互扶助代替サービスが提供されないと、労働市場が二極化してしまい、貧困や格差が溢れ出る。それを回避するために、育児サービスや養老サービスという現物給付で社会的セーフティネットを整備することは、単なる生活保障だけを意味しない。それは家族内で無償労働に従事している主として女性に、労働市場に参加する条件をも保障することにもなることを忘れてはならない。

知識社会は掛けがえのない多様な人間的能力を必要とする。そのため無償労働に拘束されずに、労働市場への参加を保障することが、知識社会が発展する重要な条件となるのである。

逆に家族内の無償労働代替の現物給付が公共サービスとして提供されないと、家族内で育児や養老などという無償労働に大きく足を引っ張られたまま、労働市場に参加せざるをえない者と、家族内での無償労働から解放されて労働市場に参加する者とに分断されてしまう。

労働市場がフルタイムの労働市場とパートの労働市場に分断され、二極化すると、その構図は拡大再生産されることになる。すなわち不況のときに、新たに労働市場に参加する者も、パートの労働市場で受け入れることになってしまうのである。したがって、現在の日本でパートの労働市場で苦しんでいるのは、主に女性と若者である。もちろん、フルタイムの労働市場とパートの労働市場は、正規の労働市場と非正規の労働市場と言い換えてもよい。

育児サービスや養老サービスという家族内無償労働を代替する現物給付を提供するということは、無償労働に拘束されずに労働市場に参加することを保障する条件となる。このようにして、すべての社会の構成員に労働市場へ参加する条件を保障することが、知識社会へ移行する基本条件となる。

参加保障のための条件を整備する

労働市場に参加する条件は、無償労働から解放して労働市場への参加を保障することだけではない。無償労働から解放する条件を消極的条件だとすれば、知識社会の労働市場が要求する人間的能力を修得する積極的条件を整備する必要がある。再訓練や再教育によって旧来型産業に従事していた労働者に、知識社会の新しい産業に適応する能力を身につけさせる条件を整えなければならない。

もちろん、再訓練や再教育にとどまらず、教育サービスそのものを、充実させる必要がある。知識社会では自然に働きかける主体である人間そのものの人間的能力を高めなければならないからである。前述のように知識社会では、それを「誰でも、いつでも、どこでも、ただで」の原則のもとに、確立された「やり直しの利く教育」体系で引き出すことが、参加保障の積極的条件となる。こうした参加保障の条件整備は、積極的労働市場政策ともいわれる。

スウェーデンでは失業者に対して、失業保険による手厚い「所得保障」と、就労支援である「活動保障」をセットで提供している。失業前の所得の八〇パーセント程度が失業保険として約一四カ月支給される。さらに失業して六カ月間就労先が見つからなければ、職種転換・再就職のための活動保障プログラムに移行する。

活動保障プログラムの参加者には、生活を保障する職業訓練手当が支給され、再教育や再訓練が実施されることになる。しかも、プログラム参加者を試験的に雇用する企業には七五パーセントが補助され、再就職へのスムーズな移行が図られる。

あえて繰り返すと、こうした積極的労働市場政策は、「やり直しの利く」教育体系と有機的に関連づけられる。つまり、「やり直しの利く」教育体系は知識社会の社会的インフラストラクチュアであるとともに、知識社会への参加保障となる社会的セーフティネットでもある。

産業構造が転換し、知識産業やサービス産業が基軸産業となると、性別にかかわりなく、すべての社会の構成員が労働市場に参加することを保障しなければならない。参加保障のための現物給付では、ミミッキング（mimicking）という「振りをする」不正は働かない。幼児の振りをして保育園に入園したり、高齢者の振りをして老人ホームに入所しても意味がないからである。

ところが、現金給付は「お金のない振りをする」という不正が働く。そのため貧困者に限定して現金を給付する生活保護は、激しい批判の対象となり、審査を厳しくせざるをえなくなる。その結果として、生活保障本来の機能を果たすことが困難になってしまう。ストックホルム大学のコルピ（Walter Korpi）は、貧困者に限定した現金給付を手厚くすればするほど、格差と貧困が溢れ出るということを明らかにした。それが「再分配のパラドクス」である。

社会保障においては、すべての人びとが不幸を分かち合い、ユニバーサルに提供することが重要となる。ユニバーサルの原則では、性で差別しない、肌の色で差別しない、職業で差別しないことなどとともに、忘れてはならない原則は、所得で差別しないという原則である。

現物給付をユニバーサルに提供する社会保障では、ミミッキングという不正は働かない。こうしたユニバーサル・サービスの現物給付の社会的セーフティネットが網の目を細かく張ってあると、どこかのネットに引っ掛かって、最後の社会的セーフティネットである生活保護に落ち込むことがなくなる。

ところが、そうしたネットを張らず、貧困層に限定した生活保護のような現金給付を手厚くすれば、現金給付を支給される者と支給されない者との間に格差が生じる。しかも、ミミッキングという不正が働いてしまう。そうなると、受給者へのバッシングが働き、受給審査を厳しくしろという世論が強まる。結果として、本来は受給される資格のある者にも支給されなくなってしまう。かえって格差も貧困も拡大してしまうことになる。

この歴史の「峠」では現金給付の社会的セーフティネットを、現物給付で補強して社会的トランポリンに張り替える必要がある。つまり、落下してもバウンドして、再び労働市場に参加できるように、社会的セーフティネットを強力にしなければならない。生活保障に加え、参加保障を可能にする社会的トランポリンに張り替えなければ、日本がただひたすら追求する経済成長さえも達成はできないのである。

第三章

財政を有効に機能させる

一　租税国家の危機

原因と結果を混同しない

古き時代が腐臭を放ちながら力尽き、新しき時代が痛みをともないながら生まれていく歴史の「峠」では、財政が必ず危機に陥ると指摘したのは、財政社会学の始祖シュンペーター（Joseph Alois Schumpeter）である。シュンペーターは歴史の「峠」を越えるような「大転換期」には、財政が必ず危機に陥り、それゆえに財政の分析が「社会分析の最良の出発点」となると主張する。こうした財政赤字を「シュンペーター的財政赤字（Schumpeterian Deficit）」と呼んでおくと、それは、トータル・システムとしての社会全体が危機に陥ったときに生ずる財政赤字ということになる。

「シュンペーター的財政赤字」が発生するということは、財政危機が社会全体としての危機の結果にすぎないことを物語っている。戦争あるいは内乱が生じて、社会秩序が乱れれば、社会防衛あるいは社会秩序の回復のために、財政支出は増大する。そうなると結果として、必ず財政危機が生じてしまう。不況が深刻化して、経済危機が生じると、財政収入が減少して、結果的に財政危機が生ずる。

結果にすぎない財政収支の赤字としての財政危機を、原因に手をつけずに解消しようとしても意味がない。それは戦争を戦っている過程で、財政再建を旗印に財政支出を削減する政府など存在しないことを考えれば容易に理解できるはずである。

原因と結果を取り違えてならない。歴史の「峠」を踏み越えようとしている日本でも、「シュンペーター的財政赤字」が生じている。既にみてきたように、この歴史の「峠」は社会的インフラストラクチュアと社会的セーフティネットを張り替えなければ越えられない。しかし、それよりも財政収支を回復することがまず先だと歳出がカットされれば、社会的インフラストラクチュアも社会的セーフティネットも寸断されてしまう。

論理は逆である。歴史の「峠」で財政の果たさなければならない使命は、社会的インフラストラクチュアと社会的セーフティネットを張り替えることである。そうしなければ、経済的危機も社会的危機も激化してしまうどころか、財政収支の危機も深刻化してしまうのである。

そう言えば、日本もギリシャのようになるとの反論が返ってくる。ギリシャ神話で半獣神であるパン(Pān)は、悪戯《いたずら》好きで、突然人間の前に姿を現して人間を驚かせる。そのパンの神を語源として、恐慌をパニック(panic)と呼んでいる。パンの神のように、ギリシャの財政危機は、世界を駆け巡って人間を驚かせている。しかも、ギリシャの財政危機という「ギリシャ悲劇」は、まだ幕を閉じていない。それどころか「ギリシャ悲劇」の結末は、ユーロ崩壊に結びつきかねない。

そもそもヨーロッパやアメリカで、さらには日本でも財政赤字が膨れ上がったのは、「一〇〇年に一度の危機」と呼ばれたリーマン・ショックを契機としている。つまり、歴史の「峠」を象徴する「一〇〇年に一度の危機」によって生じた「シュンペーター的財政赤字」ということができる。

ところが、財政赤字という点からいえば、日本よりも財政赤字の小さなイタリアやギリシャが財政破綻をしたといわれる。イタリアはプライマリーバランス（基礎的財政収支）は黒字であり、ギリシャですら黒字に改善していた。それにもかかわらず、イタリア、ギリシャ、スペインは財政破綻に陥り、日本はそうなってはいないのである。

財政赤字が膨れ上がると、国債の信用が下落し、国債を発行して財政資金を調達することが困難になってしまう。財政赤字で最大の問題は、この点にあるといってもいいすぎではない。財政赤字が大きくとも、国債発行によって財政資金の調達が可能で、自転車操業ができれば、財政運営上に問題は生じない。逆に財政赤字が小さくとも、国債発行で必要な財政資金が調達できなければ、財政運営が行き詰まってしまう。

ギリシャもイタリアもスペインも、財政赤字が膨れ上がり、国債の格づけは引き下げられ、財政資金の調達が困難に陥ってしまった。それだからこそＩＭＦ（国際通貨基金）やヨーロッパ中央銀行の支援を仰ぐことになる。

逆にドイツには資金が集まり、ドイツ国債が大量に買われるので、財政赤字が財政運営に支障をきたさない。日本はギリシャ同様の財政赤字に苦悩していても、自転車操業が可能であれば、ギリシャのような事態には陥らない。

重要なことは、自転車操業を続けながらでも、財政を有効に機能させ、社会的インフラストラクチュアと社会的セーフティネットを張り替えることである。それによって歴史の「峠」を越え、危機克服できれば、財政収支もおのずとバランスするようになるのである。

財政を有効に機能させる資金調達

日本の財政を有効に機能させるために、日本の財政赤字を考察する場合に、ユーロ圏諸国の財政赤字との性格の相違を理解しておく必要がある。というよりも、ユーロ諸国の財政危機が、「ユーロ恐慌」というユーロ圏の経済危機に結びついてしまうのは、ユーロ圏という統一通貨を形成したこと自体に内在する問題なのである。

こうした問題を理解するには、財政収支だけではなく、経常収支にも眼を向けなければならない。経常収支とは、財貨とサービスの対外収支である。それは貿易収支、サービス収支、所得収支、経常移転収支から構成されている。

しかも、財貨とサービスの対外収支を示す経常収支は同時に、国民経済全体の資金収支を示していることを忘れてはならない。つまり、経常収支が黒字であれば、国民経済は貯蓄超過で資金があまっていて、経常収支が赤字であれば、国民経済全体として資金不足であることを示している。

しかも、歴史の「峠」でブレトン・ウッズ体制が崩壊し、国定為替相場制度が変動為替相場制度へと転換していることを忘れてはならない。ルールが変わっているのである。

変動為替相場制のもとでは、国民国家の経常収支は、為替市場における為替の変動によって調整されることになっている。生産性が高く競争力の強い国民国家であれば、経常収支は黒字になり、その通貨は高くなる。通貨が高く振れると競争力は弱まり、貿易収支が悪化して、経常収支がバランスする方向に動くと想定される。

ところが、ユーロを導入している国民国家には、このメカニズムは作動しない。ユーロ圏の国民国家には、通貨高権がなく、それぞれの国民国家で独自の通貨を通用させることができないからである。

国家とは強制力を独占している存在である。この強制力にもとづいて、国民国家には、通貨高権と租税高権がある。通貨高権とは通貨を強制的に通用させる権限であり、租税高権とは通貨を強制的に調達する権限である。

もちろん、ユーロ圏の国民国家には租税高権はあるので、租税負担にもとづいて、財政はそれぞれの国民国家が運営する。つまり、ユーロ圏の国民国家は、独自の通貨を発行しないで、財政だけを運営している地方自治体のような存在になってしまっている。

そうなると、ギリシャのように生産性が低く、競争力のない国民国家の経常収支は赤字になる。ギリシャがドラクマという独自通貨を通用させているのであれば、ドラクマの通貨価値は下がり、経常収支は回復していくはずである。しかし、ギリシャではユーロという統一通貨が通用しているので、経常収支は赤字のままになってしまう。というよりも、ドラクマという独自の通貨であれば、ユーロよりも低い水準の通貨価値になるはずなのに、ユーロという高い水準の通貨で競争せざるをえないので、ギリシャの経常収支は赤字となり、資金不足に陥ってしまう。

これに対してドイツのように生産性が高く競争力のある国民国家は、逆に経常収支は黒字になる。もちろん、ドイツがマルクという独自通貨を通用させていれば、マルクの価値は上がり、経常収支の黒字を解消する方向で振れる。しかし、ユーロが通用していると、そうした調整機能は機能しない。本来のマルクの水準よりも低いユーロで競争できるドイツの経常収支は黒字となり、ドイツは資金余剰を享受できる。

図3－1で経常収支を比較すると、生産性が低くて競争力の弱いギリシャ、イタリア、スペインの経常収支は赤字基調である。つまり、ギリシャ、イタリア、スペインは財政収支も赤字であり（図3－2）、経常収支も赤字という「双子の赤字」に陥っている。こうした国は、国民経済全体として資金不足で、海外に資金を依存せざるをえない状態で、財政収支がすぐに赤字に陥るので、財政危機が深刻化し、ＩＭＦやヨーロッパ中央銀行に支援を仰がざるをえない。図3－2で二〇〇九年からギリシャもイタリアもスペインも財政赤字が改善に向かっているのも、緊縮財

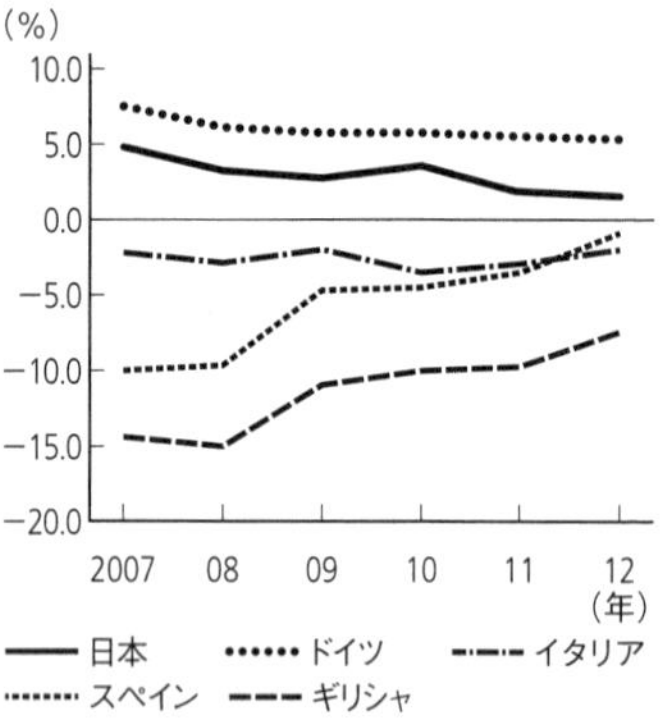

図3-1　経常収支の経年比較（対GDP比）
出所：OECD“Economic Outlook 91”（2012年5月）

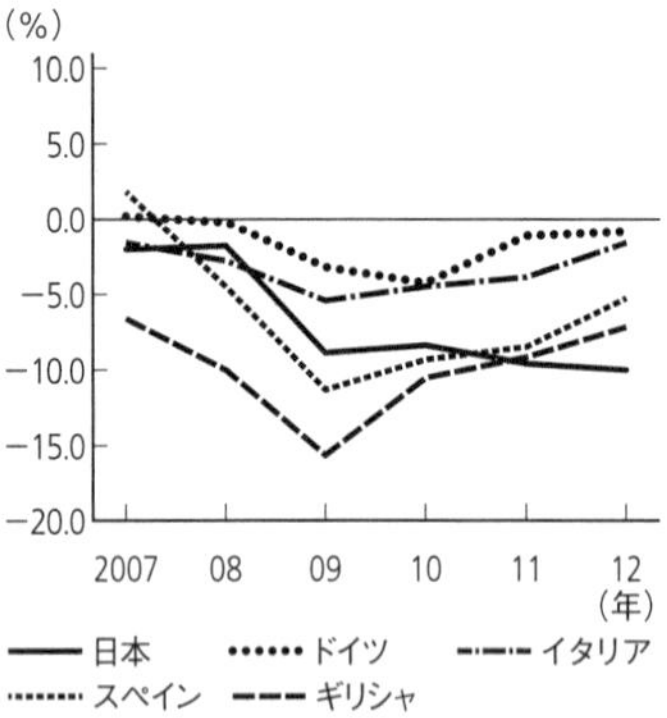

図3-2　一般政府財政収支の経年比較（対GDP比）
出所：OECD“Economic Outlook 91”（2012年5月）

政政策とともにＩＭＦの支援による結果にすぎないのである。

　これに対して日本は、ドイツと同様に経常収支が黒字基調である。つまり、ギリシャ、イタリア、スペインなどのように、「双子の赤字」には陥ってはいない。国民経済として資金余剰が存在しているもとで、財政収支が赤字になっているにすぎない。したがって、日本では財政資金の調達に行き詰まるという事態が生じていないのである。

　こうみてくれば、極言すると、財政破綻という状態は、財政収支の赤字よりも、経常収支の赤字によって生じるといってもよい。そうだとすれば、日本の財政破綻の危機は急速に深刻化している。というのも、経常収支が赤字に陥りかねない状態になってしまっているからである。

　図３－３と図３－４をみれば、二〇一三年度には経常収支が赤字になりかねない状態になってい

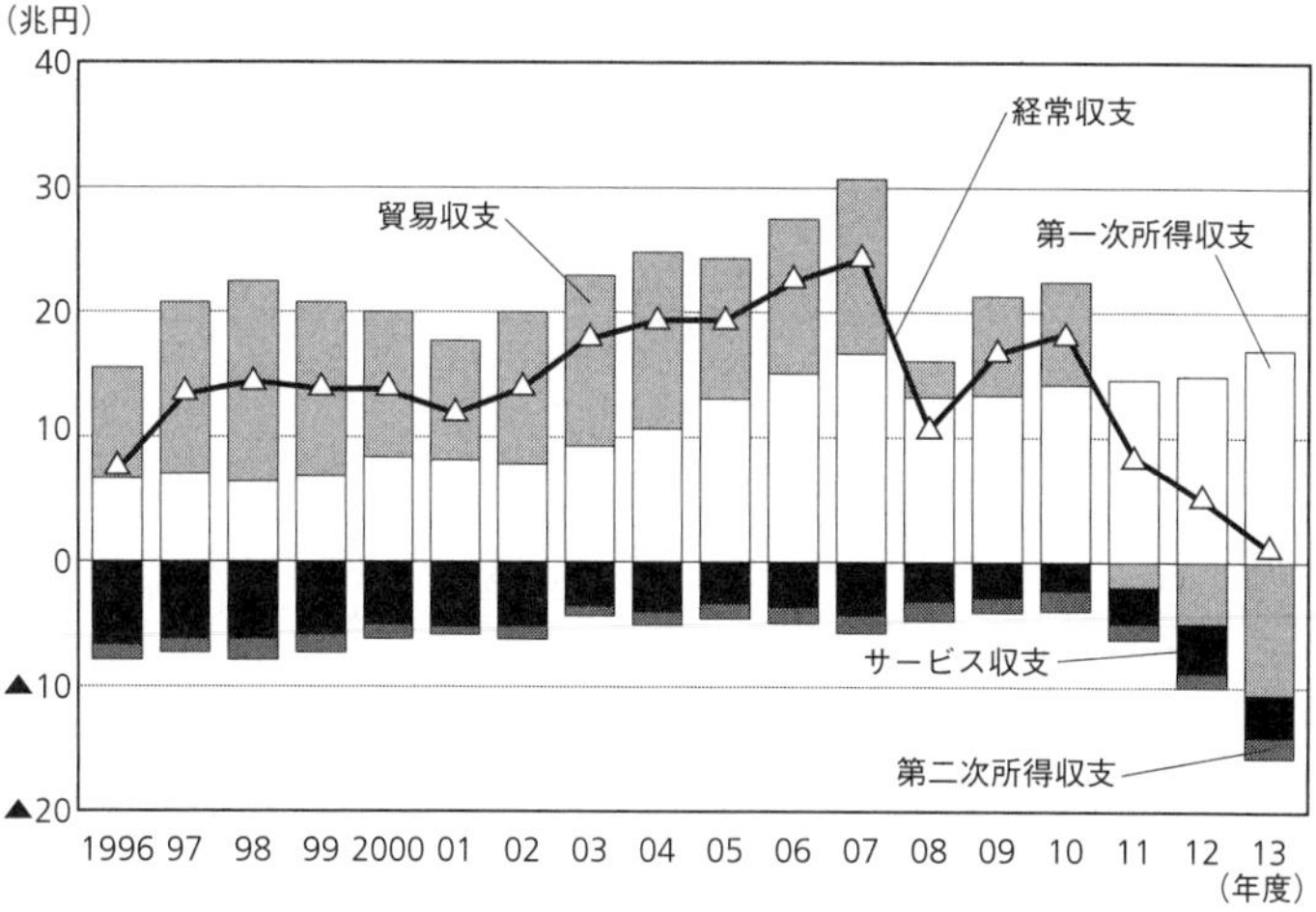

図3-3　経常収支の推移

出所：財務省「国際収支状況」

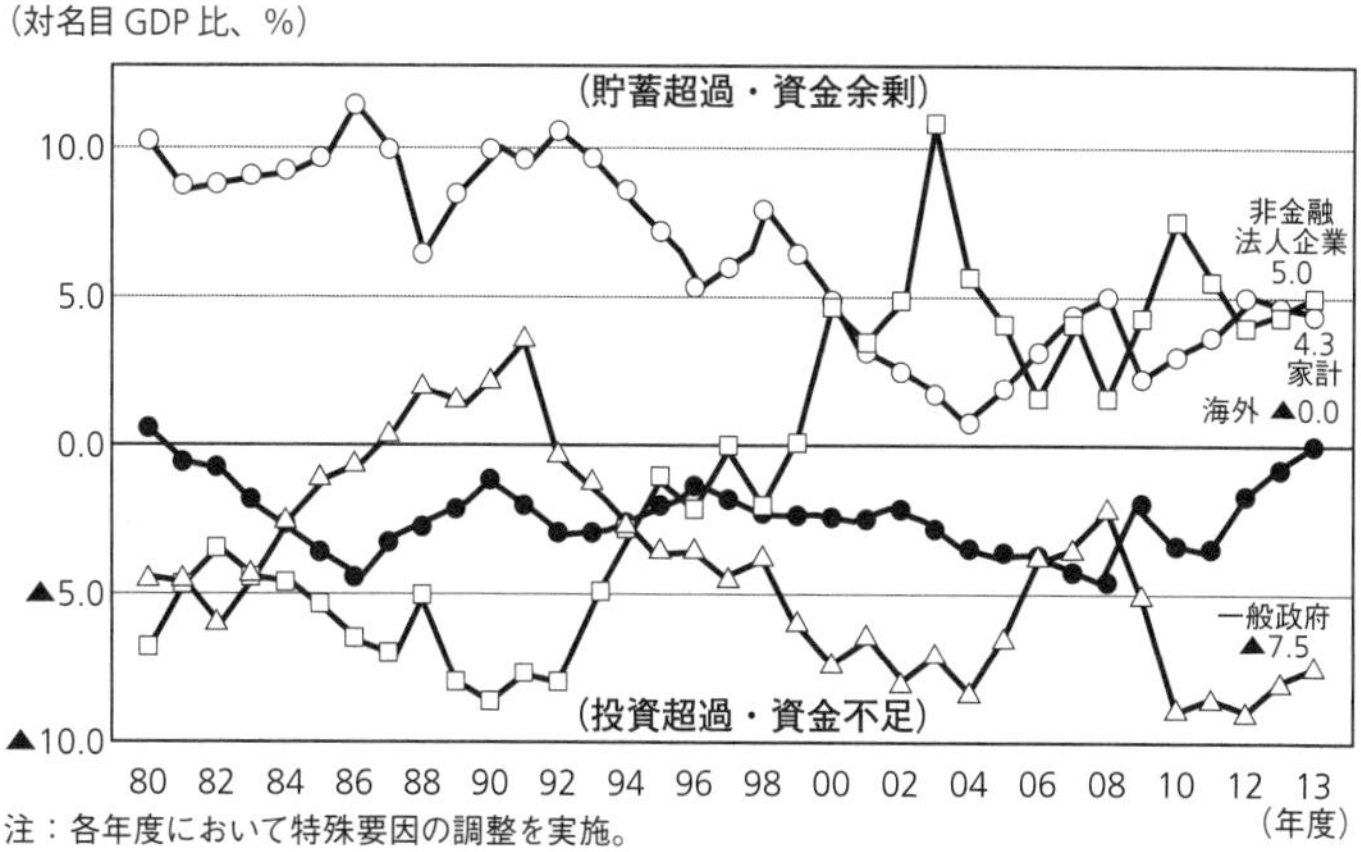

注：各年度において特殊要因の調整を実施。

図3-4　部門別資金過不足の推移

出所：日本銀行「資金循環統計（2014年3月末速報）」、内閣府「国民経済計算」

る。図3－3によると、日本の貿易収支は二〇一〇年度までは黒字である。その後は貿易収支が赤字に転じるけれども、巨大な所得収支がそれを補ってあまりある状態で、経常収支は黒字を維持していた。ところが、二〇一三年度になると、大幅な貿易赤字を所得収支の黒字で解消できかねないような事態となっている。

これを図3－4で部門別の資金過不足としてみると、日本では膨大な家計の貯蓄で、企業の投資と政府の資金不足つまり財政赤字をファイナンスしてきた。財政赤字が巨大になっても、家計の貯蓄に加えて、本来は投資主体である企業が貯蓄主体になることで、財政赤字を賄ってきている。しかし、家計貯蓄が低い水準で停滞してしまい、財政赤字が巨額になったまま推移しているので、企業貯蓄いかんで国民経済全体として資金不足になりかねない状態となっている。

これは、財政運営のための資金調達が安穏とした状態にないことを意味している。そうだとすれば、社会的インフラストラクチュアと社会的セーフティネットを張り替えるために財政を有効に機能させることと、資金調達の困難を打開することとを両立させる道を模索しなければならない。その結論は明らかである。租税負担水準を引き上げることである。

決算上の赤字と財政運営上の赤字

財政を有効に機能させるために、租税負担水準を引き上げなければならないという主張は、増税をして社会的インフラストラクチュアと社会的セーフティネットを張り替えなければならないことを意図している。つまり、二つのネットを張り替えるために、財政の歳出規模を拡大する必要があるけれども、その財源は借入れ金に頼らずに、増税によるべきだという主張である。

政府の経済である財政は、民間経済の主体である家計や企業とは相違する原理で動くことを忘れてはならない。社会には三つの経済主体が存在する。財政という経済の主体である政府と、民間経済の主体である家計と企業である。

民間経済の主体である家計と企業では、収入が先に決まる。それは、収入が市場で決定されるからである。家計であれば、労働市場で決まる賃金で収入が決定する。企業であれば、生産物市場で売り上げる生産物の価格と数量が決まって、収入が決定される。収入が決まってから、家計であれば食費がいくら、衣料費にいくらと支出を決めていくことになる。企業であれば、人件費にいくら、設備投資にいくらと支出を決めていく。つまり、民間経済の主体である家計や企業では、収入が先に決まり、支出が後で決まるという「量入制出」が原則となる。

ところが、財政は違う。それは収入も支出も、民主主義という政治過程で決定されるからである。まず収入を決めようとしても、支出が決まらない限りは決定のしようがない。

国民の生活を支えるための公共サービスをどのように提供するかという支出が決まると、それを国民が租税として、どのように負担し合うかということを決めることができる。つまり、財政では必要な支出を量ってから、収入を制することになる。つまり、民間経済の主体の運営原則が、

「量入制出」だったのに対して、財政の運営原則は「量出制入」なのである。

したがって、財政ではまず必要な支出を決めなければならない。この歴史の「峠」では、社会的インフラストラクチュアと社会的セーフティネットという二つのネットを張り替える必要があることは、前述したとおりである。その上で、必要な収入を租税で調達する。もちろん、借入れで調達することもできる。租税か借入れかも、民主主義にもとづいて決定されることになる。

支出が収入を上回る状態を赤字という。企業でいえば、決算をして支出が収入を上回っていると、赤字企業という。しかし、それは資金調達を借入れに依存しているか否かとは無関係である。銀行から借入れをしていても、収入が支出を上回っていれば黒字企業である。

家計でも決算をしてみて、支出が収入を上回ると、赤字が生じる。それを、資産を取り崩すか借入れるかなどによって埋め合わせる。

ところが、財政赤字とは、支出が収入を上回っていることではない。予算でも収入と支出はバランスしているし、決算で支出が収入を上回ることはない。それどころか、黒字である。つまり、財政赤字と呼んでいるのは、資金調達で借入れをすることなのである。民間企業であれば、これは赤字とはいわない。

決算をしてみて、支出が収入を上回ることを、「決算上の赤字」と呼んでおくと、日本では国家財政では「決算上の赤字」は生じていないし、原理的には黒字となる。これに対して、資金調達で借入れに依存することを、「財政運営上の赤字」と呼んでおくと、日本で財政赤字といっているのは「財政運営上の赤字」であり、これが深刻だと認識されている。

つまり財政赤字とは、「財政運営上の赤字」で、資金調達における借入れ依存だとすれば、「財政運営上の赤字」が生じていても資金調達が可能となる限りは、財政運営に支障を来たさない。しかし、既にみてきたように、借入れ依存の資金調達が困難になりかねない影は忍び寄っている。

借り入れ依存の脱却が必要な本当の理由

市場社会の国家は「租税国家」だといわれる。第一章で述べたように、市場社会では、生産要素に私的所有権を設定しているので、市場社会の国家は生産要素を所有しない「無産国家」となる。それは、封建時代のように領主が家産を所有している「家産国家」とは相違する。そのため市場社会の国家は、国民の所有する生産要素が生み出す果実である所得から、貨幣を強制的に調達して、統治行為つまり社会を統合する行為を遂行する。

繰り返して確認しておくと、強制的に貨幣を調達する権限が租税高権である。とはいえ、租税を国民から強制的に調達するためには、国民の共同意思決定による同意を必要とする。このように市場社会における国家は、「無産国家」であるがゆえに、「租税国家」とならざるをえないのである。

もちろん、租税ではなく、借入れによって調達することは可能である。しかし、「無産国家」

である市場社会の国家では、借入れも租税によって返済するしかない。それだからこそ、公債は「租税の前取り」といわれる。そのため公債は、将来世代に負担を転嫁すると唱えられる。

しかし、政府に対して資金を貸しつけているのは国民なので、政府が借入れを返済するといっても、国民に返済することになる。つまり、借入れで政府が財源を調達すると、国民に国債という財産が膨れ上がり、将来世代に債権が移転することになる。そうすると国債の負担は、将来世代に転嫁されないことになる。

とはいえ、国債の負担は将来世代に転嫁しないという議論は、内国債にはあてはまるけれども、外国債の場合には成り立たない。内国債とは国内で発行する国債であり、外国債とは外国で発行する国債である。外国債を発行したときには、海外から所得が入り、その国はそれだけ豊かになるけれども、外国債を返済するときには、逆に所得が海外へと流出することになる。

アルゼンチンで財政危機が生じたといわれたのも、内国債ではなく、外国債から生じている。ギリシャの財政危機も、内国債ではないために、深刻化してしまう。ところが、日本の国債はすべて内国債である。

しかし、国債の負担は将来世代に転嫁しないとしても、国債を所有している富裕者に所得の逆再分配が生じる。しかも、「国債に抱かれた財政」になると、悪性インフレーションが発生したり、金利上昇が起こることがある。したがって、「国債に抱かれた財政」では、公債管理政策を適切に打ち出し、インフレーションや金利上昇を回避しながら、経済安定化を図っていくことが重要な政策課題となる。

借入れに依存した財政運営のより重要な問題点とは、国債費が膨大となり、財政が有効に機能しなくなるということである。しかも、「国債に抱かれた財政」では民主主義が機能不全になりかねない。というのも、公債を引き受けてもらう金融機関にとって望ましくない政策を打つと、公債消化が困難になるので、金融機関の意向に逆らえなくなってしまうからである。「マーケットには逆らえない」が殺し文句となり、民主主義が沈黙してしまう危険性があるのである。

こう考えてくれば、財政を有効に機能させるためには、租税負担水準の引き上げが必要不可欠となることが理解できるはずである。しかし、租税負担水準を引き上げることには、国民からの租税抵抗が生じる。企業も法人税の負担が高ければ、日本から出ていくと主張している。

フランスの偉大な思想家ルソー（Jean-Jacques Rousseau）は、『社会契約論』で、「ひとたび、公共の職務が、市民たちの主要な仕事たることを止めるやいなや、また、市民たちが自分の身体でよりも、自分の財布で奉仕するほうを好むにいたるやいなや、国家はすでに滅亡の一歩前にある」と指摘している。

つまり、国民が公共の職務を怠り、「財布で奉仕」すること、言い換えれば租税さえ支払えばよいと考えるようになると、その国は滅亡の淵に立っていると、ルソーは警告している。というのも、「商業や工芸に大騒ぎしたり、むやみに利益をほしがったり、軟弱で安楽を好んだりすることが、身をうごかしてはたすべき職務を、金銭で代用させる」からだと、ルソーは説いている。

ルソーの主張が真理を語っているとすれば、公共の職務を果たすどころか、租税を支払うことさえ嫌う風潮が強まれば、日本は滅亡への道を歩むことになる。

それを阻止しようとすれば、この歴史の「峠」で、二つのネットの張り替えに財政を動員するために、租税負担水準を引き上げることが必要となるのである。

二 「人間国家」を支える租税制度

総力戦と所得税・法人税基幹税主義の確立

「よい財政制度なくして、繁栄した国民経済なし」とは、ドイツの財政学者ロッシャー（Wilhelm Georg Friedrich Roscher）の言葉である。市場社会の国家が「租税国家」であることを考えれば、「よい租税制度」が存在しなければ、「よい国民経済」も「よい国民社会」も成立しない。財政が有効に機能しないからである。

とはいえ、いかなる時代のいかなる国家にも普遍的に妥当する「よい租税制度」がア・プリオリに存在するわけではない。租税制度は社会の共同意思決定、つまり民主主義にもとづいて決定される。したがって、租税制度は試行錯誤を重ねながら、血さえ流して、人間の歴史とともに形成されてきたのである。

租税制度は一見すると、大きな変化がないように認識されている。しかし、歴史の高みから眺めると、大変化を遂げていることがわかる。

現在の財務大臣が一〇〇年前にタイム・トラベルをした様子を、思い浮かべてみればよい。タイム・マシンから降り立った財務大臣は、財源を調達する術がわからずに、途方に暮れてしまうに違いない。必要な財源を調達しようとしても、自分の見知った租税が存在しないからである。所得税もなければ、法人税もない。まして付加価値税もない。もし仮に、そうした名称の租税の存在を見い出すことができたとしても、ごくわずかな税収しか上げていない。名称は同じ租税でも、現在のそれとは似ても似つかない租税にすぎないからである。

とはいえ、租税制度は、歴史の「峠」という危機の時代には大変化が生ずる。福祉国家の租税制度は、第二次大戦という危機の時代に形成された租税制度が、第二次大戦後に定着したといってよい。

租税制度は基幹税と補完税で構成される複税制度をとっている。第二次大戦期に形成された福祉国家を支える租税制度は、所得税と法人税を基幹税とする租税制度である。

もっとも、所得税は大衆が政治に参加し始める第一次大戦期頃から導入が始まる。ドイツの財政学者マイゼル（Franz Meisel）の「所得税ほど民主的で、人間的で、かつ社会的な租税は存在せぬ」という所得税を讃美する言葉は、大衆民主主義の主張でもあった。とはいえ、所得税が基幹税に躍り出て、所得税・法人税基幹税主義の租税制度が確立するのは、国民を総動員しなければならない総力戦を遂行する第二次大戦期である。それは総力戦を遂行するために、多額な税収と「域内平和」を確保する必要があったからである。

所得税・法人税基幹税主義の動揺

この所得税・法人税基幹税主義の租税制度は、福祉国家の要求する多額な租税を調達可能とするばかりではなく、高額所得や資本所得に重い負担を求めるものであるが、所得再分配国家としての福祉租税制度にふさわしいと弁証されていく。しかも、所得税や法人税の税率が高ければ、財政の所得再分配機能が大きくなり、社会も安定して労働意欲も高まり、生産性も向上して経済成長が実現していくと考えられたのである。

ところが、歴史の「峠」でブレトン・ウッズ体制が崩壊し始めると、所得税・法人税基幹税制度が動揺し始める。ブレトン・ウッズ体制が崩れ、資本統制が次々に解除されていくと、累進所得税や法人税によって資本所得の課税を強化することが困難となる。所得税の累進税率を高めたり、法人税の税率を高めたりすれば、資本は一瞬のうちに海外へとフライトしてしまうからである。

第二章で述べたように、ブレトン・ウッズ体制の崩壊は、福祉国家の行き詰まりを意味している。それはまた、所得税・法人税基幹税主義の動揺をも物語っていたのである。

所得税・法人税基幹税主義の動揺は、公平な租税であるとされた所得税に対して、「それは不公平な租税だ」という激しい攻撃が表面化することで起こった。

二〇〇億円もするような名画の資産の所有者は、二〇〇億円を運用すれば多額の所得を獲得できるのにもかかわらず、無収益の資産を所有しているので、名画を所有することで何らかの帰属所得が発生していると考えられる。しかし、現実の所得税では、こうした帰属所得は課税されない。他方で、額に汗して寸暇を惜しんで働いて、所得を稼得すれば、所得税は課税される。ところが、資産を喰い潰しながら贅沢《ぜいたく》な生活をしても、所得税は課税されない。

イギリスの経済学者カルドア(Nicholas Kaldor)は、所得税も納めずにマハラジャのような生活を続けるのは不公平だとして、総合消費税を提唱している。総合消費税とは、所得税が一年間の所得額に課税するのに対して、一年間の消費額に、累進税率で課税をするというものである。総合消費税は、インドとスリランカ(セイロン)でわずかな期間、導入されたことがある。しかし、税務執行上の困難さのために、現在では導入されていない。

所得税の不公平性に対する攻撃は、所得では国民の経済力を把握できない、所得概念があいまいであるといった理由だけではなく、所得の種類による捕捉率の相違に対しても加えられた。日本でいえば、ク・ロ・ヨン(給与所得者九割、自営業者六割、農林水産業者四割)とか、トウ・ゴー・サン・ピン（給与所得者一〇割、自営業者五割、農林水産業者三割、政治家一割）とかといわれる現象である。これは源泉徴収で課税される給与所得は、ほぼ完全に捕捉されるのに、自営業者などの申告納税で課税される所得は捕捉されないという批判の高まりである。

こうした捕捉率の相違は、所得税が第二次大戦中に、基幹税として躍り出たことと不可分に結びついている。所得税が基幹税になる前は、一部の富裕者しか課税されない富裕者税だったのに対して、第二次大戦中に所得税が基幹税になると、所得税は貧困者税に性格を変えてしまう。

所得税が富裕者税にとどまっていたのは、大衆の賃金所得を捕捉することが困難だったからである。ところが、第二次大戦期に所得税が富裕者税から、一般大衆も納める貧困者税に変身するのは、賃金所得に徴税して源泉徴収制度を導入したからである。

日本では賃金所得への源泉徴収制度を、一九四〇年の抜本的税制改革でいち早く導入する。アメリカでは一九四三年、イギリスでは一九四四年と、いずれも第二次大戦中で、日本よりも遅れている。

このようにして、所得税のレゾン・デートル（raison d'être 存在理由）ともいうべき公平性に対して、不公平だという異議申し立てが激化して、所得税の基幹税としての地位の動揺が激しくなったのである。

ポスト福祉国家への三つの税制改革戦略

所得税の基幹税としての地位の動揺が深刻化したことに対して、三つの税制改革の戦略が登場する。

第一は、所得税補強戦略である。この税制改革の戦略は、所得税の基幹税としての限界を、付加価値税を発展させることによって補強していこうとする戦略である。もちろん、所得税を基幹税として維持していくために補強していこうとするので、基幹税を所得税と付加価値税の二本立てにすることを意味する。つまり、所得税と付加価値税を基幹税の車の両輪として、租税制度を形成していこうとする戦略である。

第二は、基幹税としての所得税を解体していき、その代替としての付加価値税を導入するという戦略である。この戦略は基幹税を所得税から付加価値税に変更する戦略ということができる。

第三は、所得税維持戦略である。この税制改革の戦略は、基幹税である所得税を補強もしなければ、解体もせずに維持していくという戦略である。

第一の所得税補強戦略は、「ヨーロッパ社会経済モデル」を目指すヨーロッパ大陸諸国が選択した道である。従来の基幹税であった所得税には、抜き差し難い不公平が存在する。所得では経済力を把握できないとか、課税対象である所得概念があいまいであるとか、所得間で捕捉率に相違があるなどの前述したような不公平である。

所得が生ぜず所得税が課税されていないのに、高級車を乗り回し、贅沢三昧な生活を送っている人びとは、日本でも多く見かける。莫大な財産を喰い潰して生活すれば、所得はないけれども、贅を尽した生活をすることは可能である。

さらには、所得が発生しているのに、それが捕捉されないがゆえに大邸宅で享楽的生活を過ごすこともできる。所得税では、定義上所得ではないものに課税することは不可能であるし、捕捉率を高めるにも税務執行上の限界がある。

現在の日本では株価が上昇し、一年間で所有している株式の評価額が五〇パーセントほど増加している株式所有者が多いはずである。一年間における株式の値上がり益は所得である。しかし、それは発生段階で課税することは不可能である。株式を売却して、株式の値上がり益が実現した段階で課税せざるをえないという限界もある。

そうした所得税の限界を、一般消費税である付加価値税、日本でいえば消費税で補強すればよいという税制改革戦略が、所得税補強戦略である。付加価値税を課税しておけば、所得がなくとも、高級車を乗り回している者も、高級車を購入したときには、付加価値税が課税される。所得を捕捉されずに、贅沢三昧の消費をしている者も、消費をしたときに、付加価値税が課税されるというようになるからである。

所得税に加えて付加価値税を基幹税として、二つの租税を基幹税の車の両輪にすれば、所得税の不公平性を付加価値税が補強し、付加価値税の不公平性を所得税が補強することができる。しかも、所得税の税収調達機能は、ボーダレス化やグローバル化などによって限界がきているので、付加価値税を基幹税に加えることで、租税制度の税収調達機能を高めることができる。それによって二つのネットを張り替え、ポスト福祉国家の道を力強く歩んでいくことを志向する税制改革上の戦略である。

したがって、所得税補強戦略はポスト福祉国家のヴィジョンと深く結びついている。福祉国家は確かに限界に達してきているけれど、新しい状況のもとで、福祉と雇用を重視したメリットをどうにか再生させられないかという「ヨーロッパ社会経済モデル」の再創造戦略を背後理念にしているといってよい。もちろん、それは「人間国家」への道でもある。

こうした基幹税を所得税と付加価値税の二本立てにする所得税補強戦略に対して、第二の所得税解体戦略は基幹税の所得税を付加価値税で置き換えようとする戦略である。「所得から消費へ」、「広く薄い負担へ」を合言葉として、ポスト福祉国家として「大きな政府」ではなく、「小さな政府」を目指す戦略である。イギリスのサッチャー政権が掲げ、日本が引き継いだ戦略である。

第三の所得税維持戦略は基幹税としての所得税を解体はしないけれども、公平性でもさらに税収調達能力にも限界が生じている所得税を補強することもしない。それはポスト福祉国家として「小さな政府」を志向しているからである。この所得税維持戦略はアメリカが採用している。そもそもアメリカは「福祉国家」でありえたかどうかも疑わしい。それはアメリカが覇権国であり、巨額な軍事費を背景に、国内矛盾を国外に輸出できたからである。

所得税補強戦略をとる先進諸国

ポスト福祉国家の租税制度を模索している先進諸国の税制改革の潮流を図3－5で眺めておくことにする。図3－5にはOECD加盟国の平均の租税負担率を示してある。

一九六五年でみると、租税全体の負担率は二〇・四パーセントとなっている。そのうち個人所得課税の負担率が六・八パーセントで、法人所得課税の負担率が二・一パーセントで合計すると八・九パーセントとなり、先進諸国では所得税・法人税基幹税主義の租税制度が完成されていたといってよい。

個人所得税の動向をみれば、その負担率は一九六五年の六・八パーセントから一九七〇年には七・九パーセント、一九七五年には九・〇パーセント、一九八〇年には、九・九パーセントと上昇していく。それ以降、所得税の税負担率は頭を打つけれども、二〇〇七年でも八・八パーセントである。つまり、所得税の基幹税としての地位は、維持されているといってよい。

OECD諸国平均の法人税の税負担率に眼をやると、一九六五年に二・一パーセントであった負担率は、二〇一二年には二・九パーセントに達している。法人税については国際競争に打ち勝つために、税率の引き下げを競い合う租税競争（tax competition）が煽られてきたけれども、実際には課税ベースを拡大するなどして、むしろ法人税の負担水準は、引き上げられてきたのである。

所得税と法人税を合計した所得課税全体の租税負担率は、一九六五年の八・九パーセントから

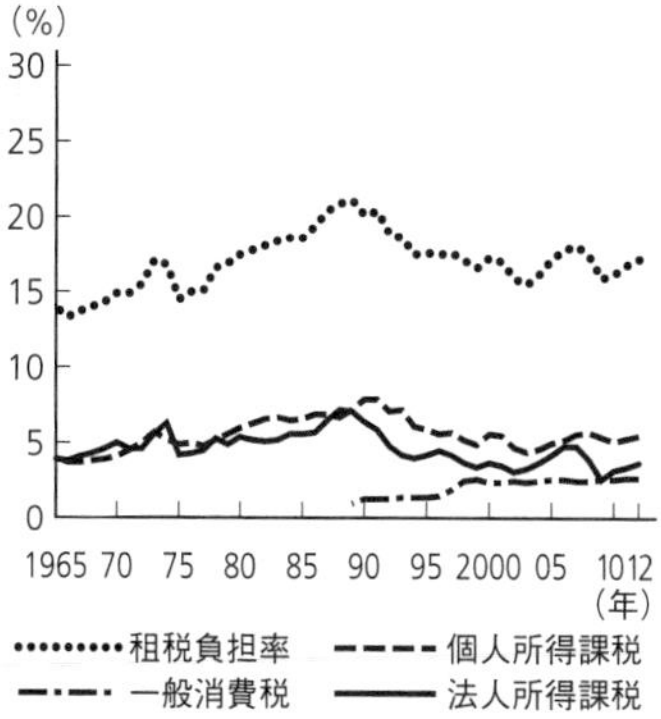

図3-6　日本の租税負担率の推移
出所：OECD Revenue Statistics 1965-2013

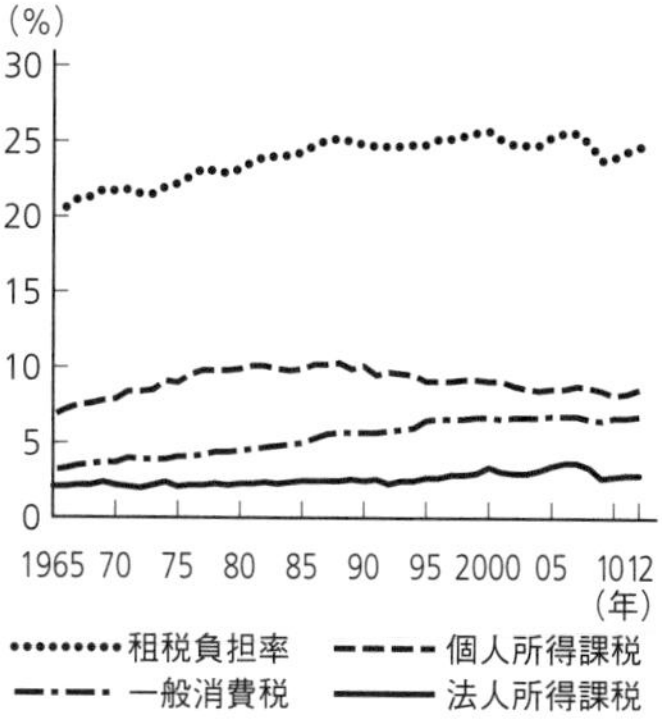

図3-5　OECD加盟国の租税負担率の推移
出所：OECD Revenue Statistics 1965-2013

二〇一二年は一一・五パーセントへと上昇している。つまり、所得税・法人税基幹税主義の租税制度は維持されるどころか、むしろ強化されているといってもよい。

付加価値税を代表とする一般消費税の租税負担率をみれば、一九六五年の三・二パーセントから一九八〇年には四・五パーセントにまで上昇し、その後には上昇速度を速め、二〇一二年には六・八パーセントにまで達している。

二〇一二年でみると、所得税の租税負担率は、八・六パーセントであり、一般消費税の租税負担率は、それと比肩する六・八パーセントである。したがって、先進諸国全体の税制改革の動きを俯瞰すれば、大きな税制改革の潮流は、ポスト福祉国家の租税制度として、福祉国家の所得税・法人税基幹税主義を維持し、それを付加価値税を代表とする一般消費税で補強する所得税補強戦略となっているといってよい。

所得税・法人税基幹税主義の解体戦略を探る日本

そこで日本の租税負担率を図3－6でみると、一九六五年の租税全体の負担率は一三・九パーセントで、所得税の租税負担率が三・九パーセント、法人税の租税負担率が三・九パーセントなので、日本でも所得税・法人税基幹税主義の租税制度が形成されていたということができる。

とはいえ、租税全体の負担率をOECD諸国の平均と比べてみると、OECD諸国は二〇・四パーセントなのに、日本は一三・九パーセントと低い。それは日本が遅れてきた福祉国家であり、日本が福祉国家を目指そうと決意するのは、一九七三年の石油ショックの年だからである。

日本は一九七三年に、「福祉元年」を掲げ、遅ればせながら、福祉国家を目指していく。そのため一九七三年頃から所得税と法人税の租税負担率は、急速に引き上げられていく。一九七五年に四・九パーセントだった所得税は、一九九〇年には七・九パーセントにまで引き上がり、一九七五年に四・二パーセントだった法人税の租税負担率は、一九九〇年に六・四パーセントになる。所得税と法人税を合計した租税負担率は、一九七五年の一四・五パーセントから一九九〇年の二〇・一パーセントへと著しく上昇している。

ところが、日本は一九九〇年の租税負担率をピークにして、租税全体の負担率は一挙に低下していってしまう。一九九〇年をピークにして、租税負担率が低水準に落ち込んでいく理由として、自然減収が存在したことは事実である。一九九二年度から一九九五年度までの自然減収は、年度平均で一兆一〇九五億円に達している。

しかし、一九九〇年代以降に日本の租税制度が税収調達能力を失う主要な理由は、たび重なる減税政策である。政策的減税つまり税制改正による減収は、一九九二年度から一九九五年度にかけて九〇〇八億円にも達している。

しかも、一九九〇年代の後半になると、自然減収と減税との関係は様変わりする。一九九六年度から一九九九年度までをみると、自然減収ではなく年度平均で四八五三億円の自然増収へと反転するからである。もちろん、これはバブル崩壊後の不況に底が打たれ、景気が回復しているからである。

ところが、景気が回復したにもかかわらず減税政策が強力に進められていく。一九九六年度から一九九九年度には、自然増収を打ち消してあまりある、年度平均で二兆一三八二億円という大減税が実施されてしまう。

しかも、一九九〇年代の後半には減税政策の目的も転換する。それまでの減税政策は、景気対策という色彩が濃厚だったけれども、一九九八年度の税制改革から「構造改革」という錦の御旗《みはた》が掲げられていく。

「努力した者が報われる税制」が目指され、所得減税や景気対策よりも、高額所得者にターゲットを絞った減税政策が実施されていく。しかも、所得税減税よりも法人税減税へとシフトする。法人税減税も日本の法人税の課税ベースが狭すぎることを是正しながら、つまり、課税ベースを拡大しつつ税率を引き下げていく方式から、なり振り構わず税率を引き下げ、租税特別措置をも拡大するという減税が実施されてしまう。

メディアは法人税率が国際的に高すぎると騒ぎ立てる。しかし、既に見たように、先進諸国は法人税の負担率を引き上げ、日本は引き下げたため、先進諸国とりわけヨーロッパ諸国には追いつかれてしまう。そこでメディアは、アジア並みに法人税を引き下げよと叫ぶようになる。

日本は一九九〇年代以降、所得税と法人税の減税をすることで、所得税・法人税基幹税主義の租税制度を崩そうとしたといってよい。二〇一二年におけるOECD諸国の所得税負担率の平均が八・六パーセントなのに対して、日本は一九九〇年には七・九パーセントであった所得負担率を、二〇一二年には五・五パーセントにまで引き下げてしまっているからである。

法人税の負担率も一九九〇年の六・四パーセントから、二〇一二年の三・七パーセントにまで引き下げている。所得税と法人税の合計である所得課税の租税負担率も、一九九〇年の一四・三パーセントから、二〇一二年の九・二パーセントに落ち込んでしまっている。

このようにみてくれば、日本は所得税解体戦略をとっていることがわかる。日本は所得税・法人基幹税主義の解体戦略をとり、基幹税を所得税から付加価値税に入れ換えようとする。「所得から消費へ」である。そのため日本は、一九八九年に付加価値税つまり消費税を導入し、それを増税していく。

もちろん、その背後理念は「小さな政府」である。結果として日本の租税全体の負担率は、一九九〇年の二〇・一パーセントから二〇一二年の一七・二パーセントに低下してしまう。これでは二つのネットを張り替えて、歴史の「峠」を越えるどころの騒ぎではないのである。

財政を有効に機能させる増税

ポスト福祉国家の租税制度を目指した結果としての先進諸国の租税制度を、図3−7で確認しておくことにする。所得税解体戦略をとった日本の租税負担率は二二・七パーセントと、比較している先進諸国のなかではアメリカと並んで突出して低い。

個人所得課税の負担率をみても、日本は七・一パーセントで、スウェーデンの一七・一パーセントと比べると半分以下と著しく低い。しかも、間接税の国だといわれているフランスの一〇・一パーセントと比べてみても、大幅に低くなっている。

所得税補強戦略をとり、所得税と付加価値税を基幹税の車の両輪と位置づけたドイツ、フランス、スウェーデンというヨーロッパ大陸諸国は、個人所得課税と消費課税が租税制度の二大支柱となっている。イギリスもサッチャー政権のときに所得税解体戦略を目指したとはいえ、個人所得課税と消費課税が二大支柱になっていることでは、同様である。

個人所得税基幹主義を維持しているアメリカは、一般消費税として付加価値税を導入していない。地方税として小売売上税を導入している地方自治体もあるという程度にすぎない。そのため

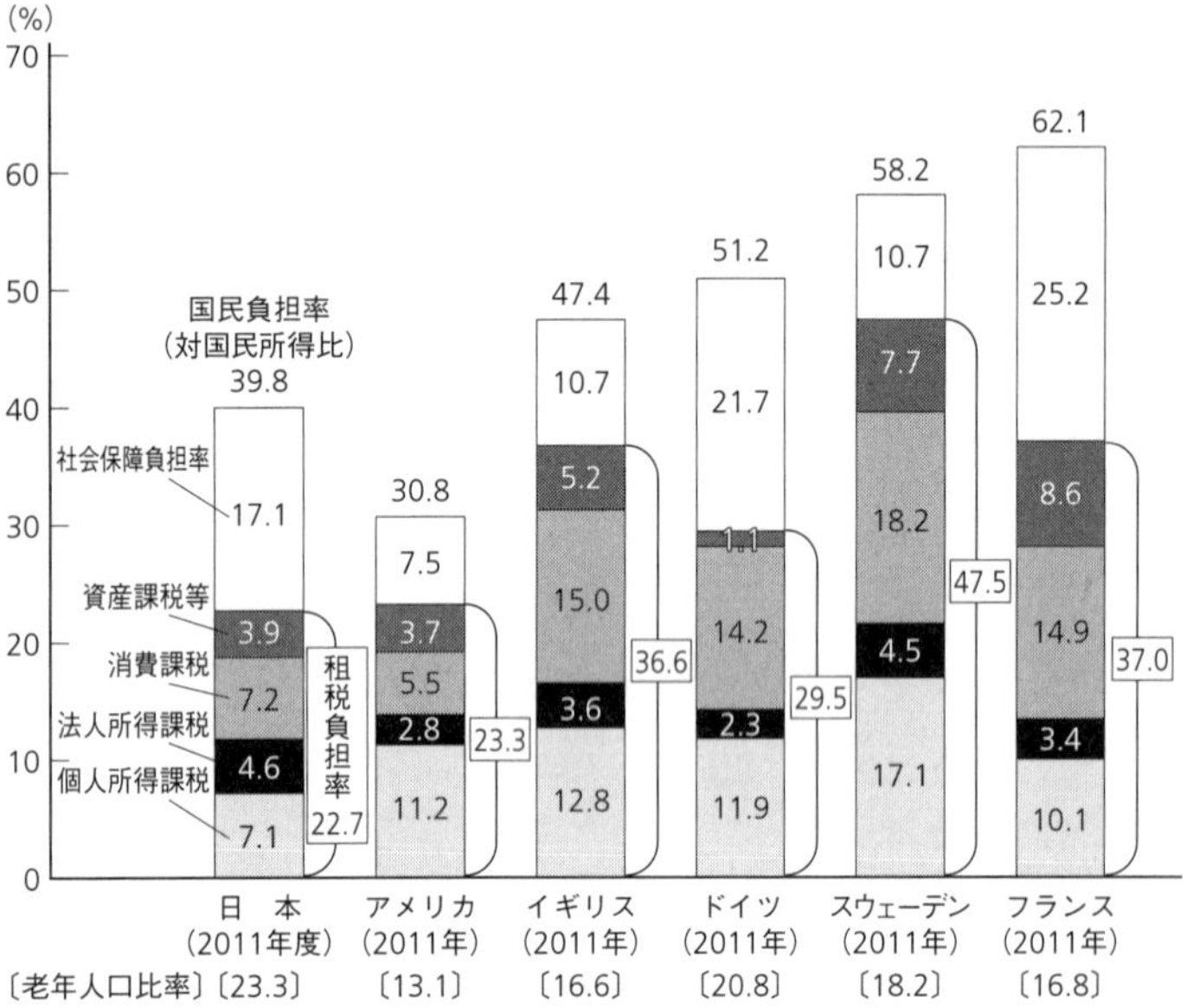

図3-7　先進諸国の租税制度の比較

出所：財務省HP（日本は2011年度実績、ほかの国は、OECD Revenue Statics 1965-2012およびNational Accounts）

日本の消費課税の負担率七・二パーセントに比べても、五・五パーセントと低くなり、租税負担率も日本と同様に低いのである。

注意をしておきたい点は、法人所得課税である。一九九〇年代以降、日本では何度も法人税率の引き下げがおこなわれたことによって、現在では先進諸国と同様の水準となっている。いまだに法人所得課税の減税が声高に叫ばれるが、その根拠は乏しいといえる。

このように所得税・法人税基幹税主義の解体戦略をとった日本は租税負担率の著しく低い国になってしまっている。租税負担率に社会保障負担率を加えた国民負担率を、国際比較すれば図3－8のようになる。日本の社会保障負担率が高いので二七位にとどまっているものの、租税負担率でみると、さらに低い順位となってしまう。

租税負担率の最も高い国はデンマークである。デンマークは社会保険を使用せずに、租税で社会保障を実施しているからである。デンマークの租税負担率は六五・一パーセントと、日本のほぼ三倍になっている。

ところが、イギリスのレスター大学による幸福度ランキングをみると、デンマークは最高位に位置づけられている。さらに租税負担率の高い国を眺めると、デンマーク以外の国も総じて幸福度も高い国として位置づけられている。アイスランドが四位で、フィンランドが六位で、スウェーデンが七位である。逆に租税負担率の低いアメリカは幸福度が低く二九位で、日本にいたっては、九〇位と著しく低くなっている。

しかも、図3－9で中間層の租税負担感をみると、日本の中間層で、租税負担が「あまりに高すぎる」、「高すぎる」と考えている者の割合は六割を越えている。ところが、租税負担率が日本の三倍も高いデンマークでは、「あまりに高すぎる」、「高すぎる」と考えている中間層の割合は、四割程度にすぎない。

日本の中間層の租税負担感が高いのは、公共サービスが中間層の生活を支えていないからである。それに対してデンマークなどスカンジナビア諸国で中間層の租税負担率が高い割に租税負担感が低いのは、公共サービスが中間層の生活を支えているからだといってよい。租税負担率が高

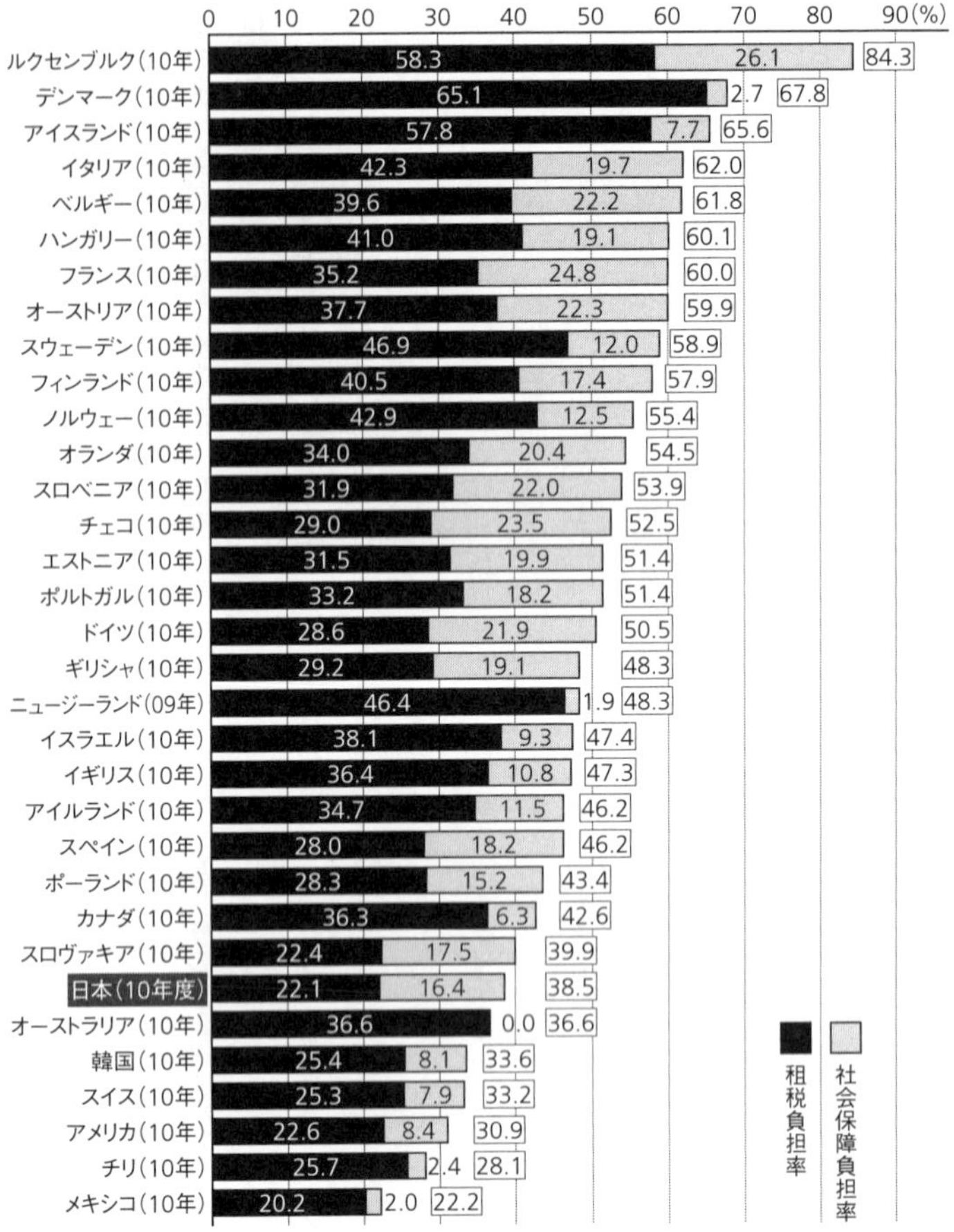

注1：国民負担率は、租税負担率と社会保障負担率の合計。
注2：各国10年(度)の数値。ただし、オーストラリア、ニュージーランドについては下記出典における最新の数値。なお、日本の平成25年度(2013年度)予算ベースでは、国民負担率:40.0%、租税負担率:22.7%、社会保障負担率:17.3%となっている。
注3：トルコについては、国民所得の計数が取れず、国民負担率(対国民所得比)が算出不能であるため掲載していない。

図3-8　OECD諸国の国民負担率(対国民所得比)
出所:財務省HP（日本は内閣府「国民経済計算」など、ほかの国は、OECD Revenue Statics 1965-2011およびNational Accounts）

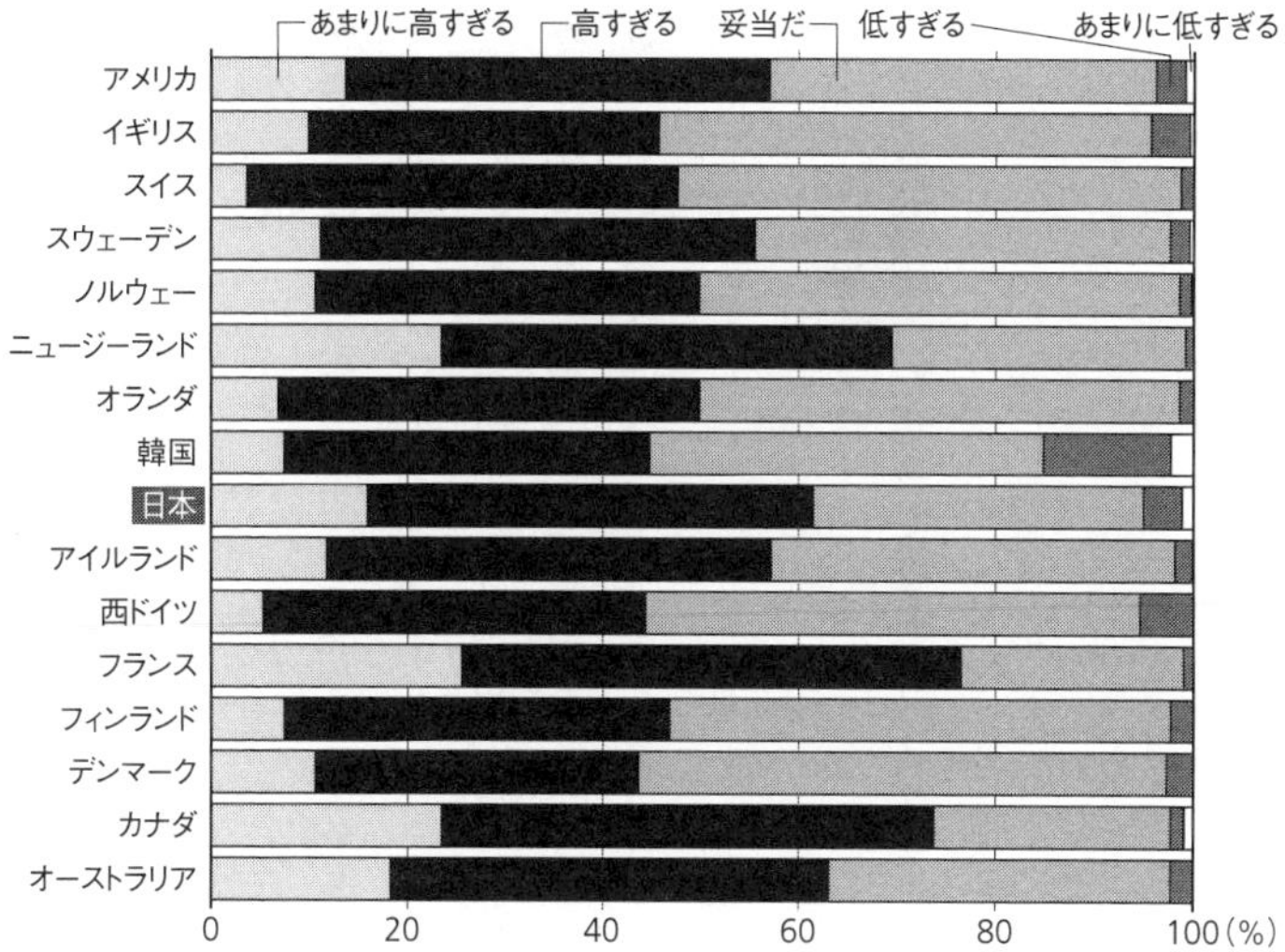

図3-9　中間層の租税負担に関する調査
出所：井手英策ほか編『交響する社会』3章

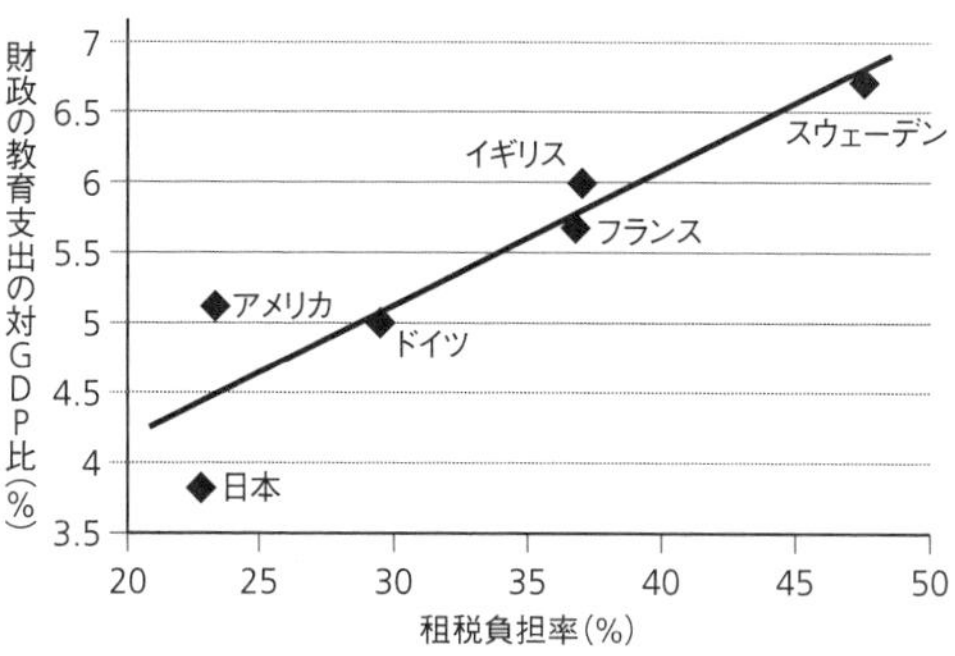

図3-10　租税負担率と教育投資(全教育段階)　2011年
出所：OECD「図表でみる教育」(2014年版)

いか低いかは、公共サービスが中間層の生活を支えているか否かによって決まるといってもいいすぎではない。

というよりも、社会的インフラストラクチュアと社会的セーフティネットという二つのネットを張り替えるのであれば、国民は増税に応じるといいかえてもよい。既に指摘したように、この歴史の「峠」において、社会的インフラストラクチュアとしても、社会的セーフティネットとしても重要になるのが、教育である。

こうした教育に対する財政支出のGDPに対する割合と、租税負担率との間には、図3-10にみられるように強い相関関係がある。つまり、教育を充実させていくためであれば、国民は租税負担の上昇を受け入れるのである。これは二つのネットを張り替え、財政を有効に機能させることを、国民が望んでいることを如実に物語っている。

「人間国家」の租税制度をデザインする

「人間国家」の租税制度を構想しようとすれば、租税制度は社会ヴィジョンと結びついていることを忘れてはならない。租税負担率の高いスウェーデンの租税負担構造は、図3-11のように逆進的となっている。

スウェーデンの一般消費税である付加価値税の税率は二五パーセントである。所得税は地方税として、ほとんどの国民に平均三一パーセントの均一の税率で課税されている。さらに一部の豊かな国民には国税としての所得税が二〇パーセント、または二五パーセントで加わることになる。

ところが、既にみたように、アメリカは所得税基幹税主義を維持している。一般消費税は地方税として、小売売上税を導入している地方自治体もあるという程度にすぎないことは、既に述べたとおりである。そのため図3－11のように、アメリカの租税負担構造は累進的となる。

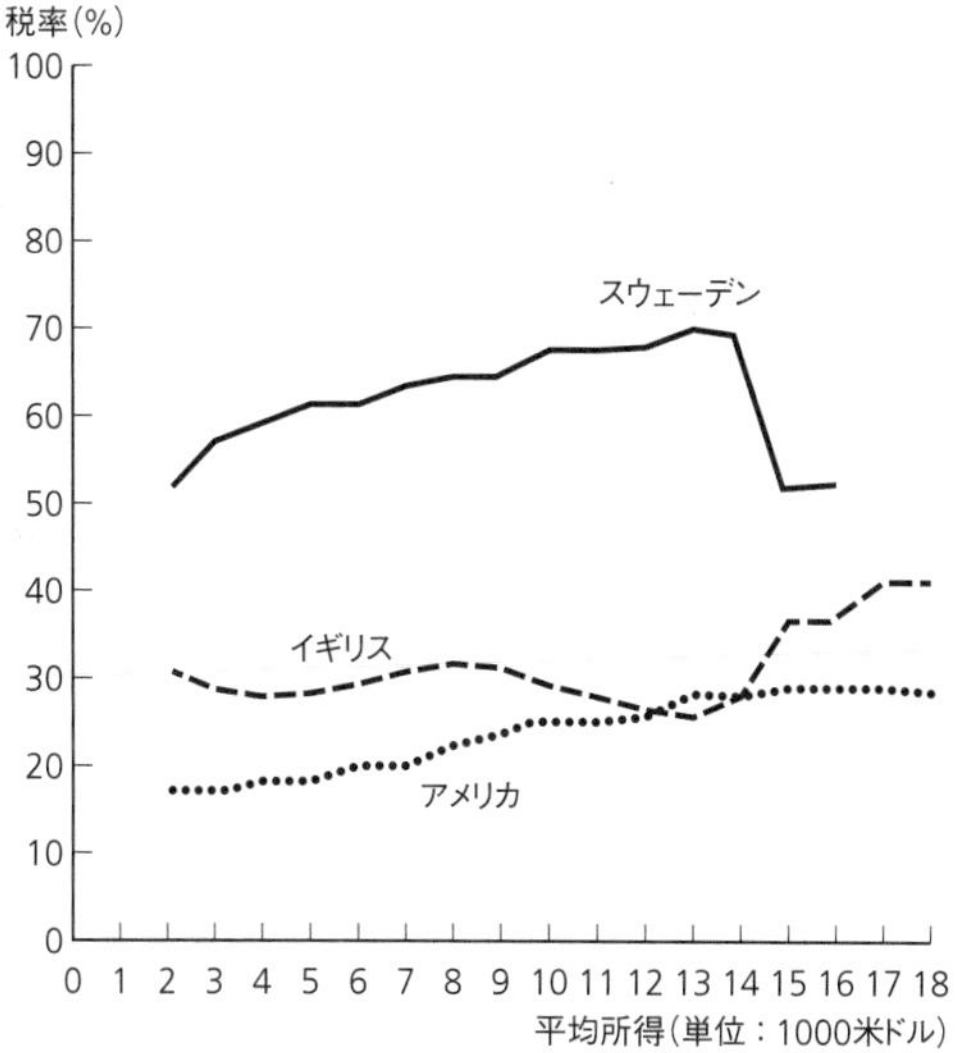

図3-11　所得に占める実効租税負担の割合
出所：Steinmo.S.,(1993), *Taxation and Democracy*. Yale University Press.（スヴェン・スティンモ『税制と民主主義』）

ところが、スウェーデンとアメリカの租税負担構造を比べると、あらゆる所得階層でスウェーデンのほうがアメリカよりも租税負担率の高いことがわかるはずである。スウェーデンでは「国民の家」という政策理念から、国民が相互に助け合って生きていく社会ヴィジョンが息づいている。そのため貧困者でも高い租税負担を求めるけれども、租税さえ負担すれば、それで貧困者も生きていける社会を目指している。

これに対してアメリカは、自己責任で生きていく社会ヴィジョンを求めている。国民は自己責任で生きていき、政府は秩序維持にかかわる最低限度の公共サービスしか提供しないという社会ヴィジョンである。そのため貧困者も自己責任で生きていくのだけれども、貧困者には租税負担は求めないということが目指される。

こうみてくれば、社会ヴィジョンとして「小さな政府」を目指すのであれば、累進的な租税制度を築く必要があり、社会ヴィジョンとして「大きな政府」を目指すのであれば、逆進的な租税制度にしてもよいことになる。つまり、国民が協力し合って生きていく「大きな政府」にするのであれば、貧しい国民にも負担を求めることが正当化されるし、国民が自己責任で生きていくことを求める「小さな政府」にするのであれば、秩序を維持する最低限度の公共サービスの負担は、豊かな国民には求め、貧しき国民には求めないことになる。

ところが、日本は租税負担水準を引き下げながら、租税負担構造を逆進的に改めていく所得税解体戦略をとってしまった。つまり、「小さな政府」というヴィジョンを描きながら、逆進的な租税制度を築こうとしたのである。

こうした矛盾した政策を打つと、国民の租税への抵抗が強まる。しかも、社会に亀裂が走り、社会統合が困難になってしまう。

もちろん、「人間国家」は「大きな政府」の社会ヴィジョンに立つ。したがって、所得税の実質的な累進性を高めながら、所得税と消費税を基幹税の車の両輪とする租税制度を目指すことになる。

「人間国家」の租税制度は、所得税と消費税を基幹税にするとしても、どのような補完税と組み合わせて租税体系を構成するかが課題となる。既に指摘したように、租税制度は大きく変化していないように思えるが、あるときに振り返ってみると、驚くほどに大きな変化が生じているのである。

人間が未来を予知する能力には限界があるけれども、これから二〇年後あるいは三〇年後の租税制度を予想して、間違いなく予言できることは、「環境関連税制」が存在感のある租税になっているということである。

そもそも、「人間国家」は、自然の自己再生力を持続可能にすることを重要な政策課題としている。そのため租税制度の公正の基準に、環境という基準を据える必要がある。つまり、環境にとって悪い行為に重く、環境にとって良い行為に軽いということを公正だと考えなければならない。

日本では環境税といえば、炭素を租税客体とする炭素税を指すことが一般的だけれども、宇沢弘文先生が指摘するように、自然資本だけではなく社会的共通資本を損ない、あまりにも社会的費用の高い自動車への課税も重要となる。

「人間国家」の租税制度で「環境関連税制」とともに重要な補完税は、資産課税である。国税に地価税という資産税があるけれども、二〇〇三年の税制改正で、「存在すれども機能せず」という休眠状態になっている。この地価税を、金融資産を含む一般に課税される純資産税、つまりピケティ（Thomas Piketty）が唱える富裕税に鋳直して、眠りから覚まさせ、それを補完税として、「人間国家」の租税制度を構築すべきである。

第四章

民主主義を活性化させる

一 「遠い」政府を「身近な」政府に変える

国民国家の黄昏

財政を有効に機能させるためには、民主主義を活性化しなければならない。財政は財政民主主義にもとづいて運営される経済であり、民主主義の経済だからである。

繰り返して確認しておくと、財政（public finance）とは「公（public）」の「貨幣現象」である。「公」とは社会の構成員の誰もが排除されない領域であり、財政とは社会の構成員の「共同の財布」なのである。

「共同の財布」である財政が登場するには、市民革命によって民主主義が成立されなければならない。しかし、民主主義によって運営される財政が誕生するということは、メダルの裏側で市場経済が成立するということを意味する。

ここで、市場経済とは生産物市場に加えて要素市場が成立している経済システムを指す。第一章で述べたように、土地、労働、資本という生産要素を取り引きする要素市場が成立するということは、生産の「場」と生活の「場」が分離することを意味する。この生産と生活の「場」の分離が近代社会の特徴である。そのため近代社会では、財政が生産の「場」に社会的インフラストラクチュアを、生活の「場」に社会的セーフティネットを整備しながら、政治システムが社会全体を統合していくことになる。

福祉国家の時代には、生産の「場」における重化学工業を基軸とする産業構造を前提しつつ、全国的な交通網や全国的エネルギー網という社会的インフラストラクチュアを提供し、生活の「場」には現金給付による所得再分配で、社会的セーフティネットを整備していた。そのため福祉国家の統治機構としての政治システムは、きわめて中央集権的な統治機構として存在していたのである。

繰り返すと、福祉国家とは、現金給付と租税とを組み合わせた所得再分配国家である。所得再分配は国境を管理する中央政府にしかできない。しかも、福祉国家は重化学工業を基軸とする工業社会を基盤とするため、全国的な交通網やエネルギー網という社会的インフラストラクチュアを整備する。そのためにも福祉国家は中央集権的にならざるをえないのである。

つまり福祉国家とは、国民から「遠い」政府による「参加」なき所得再分配国家だった。そうした「参加」なき中央集権的な統治機構を政治システムとする福祉国家が、経済のグローバリゼーションの荒波を受けて、行き詰まり始めたのである。

重化学工業が限界に達し、福祉国家が成立する前提であったブレトン・ウッズ体制が崩壊する。一九七三年に固定為替相場制度が最終的に破綻すると、資本統制が次々に解除され、市場経済が国境を越えて膨張する。こうして資本が国境を越えて自由に動き回り、市場経済が国境を越えて拡大するグローバリゼーションが生じると、福祉国家の現金給付による所得再分配機能が有効に機能しなくなり、社会全体を統合していた国民国家が動揺していく。

国民国家が市場経済に加えている規制を緩和しろ、国民国家が経営している国営企業を民営化しろと、「規制緩和」と「民営化」に熱狂する嵐が、国民国家を襲う。「規制緩和」と「民営化」の熱狂によって、市場経済が政治システムの枠組みを越えて拡大して、市場経済のボーダレス化、グローバル化という現象を引き起こすと、ボーダレス化、グローバル化した市場経済は、国民国家の政治システムでは制御不能に陥ってしまう。そうなると国民国家は、ボーダレス化、グローバル化した経済システムを、社会システムと相補的に関連づけて、トータル・システムとしての社会全体を統合する機能を侵食されてしまう。そのため「国民国家の黄昏《たそがれ》」と呼ばれる現象が浮かび上がってきたのである。

グローカリゼーション——グローバル化とローカル化

「国民国家の黄昏」という現象は、福祉国家の政治システムの統治機構に再編成を迫っていく。経済システムが国民国家という政治システムの枠組みを越えて、拡大したことに対して、超国民国家機関という枠組みを創設して、経済システムを制御しようとする動きがでてくる。

つまり、ヨーロッパではグローバリゼーションに対応して、ヨーロッパ共同体（European

Community）を発展させ、通貨統合を目指した。つまり、ヨーロッパ連合（European Union）という超国民国家機関を結成しようという動きが出てくる。

この動きは一九九一年のオランダのマーストリヒトで開催されたヨーロッパ共同体の首脳会議で合意をみたマーストリヒト条約として結実する。マーストリヒト条約は一九九二年に調印され、一九九三年に発効することになる。

しかし、市場経済はグローバル化しても、人間の生活の「場」である社会システムは、グローバル化するわけではない。人間の生活は地域社会のネットワークのもとで営まれてきている。そうした人間の「場」に社会的セーフティネットを提供し、国民の生活保障をしなければ、社会統合は困難となり、統治は成り立たない。福祉国家はこうした社会的セーフティネットを、市場の外側で現金を中央集権的に再分配することによって提供してきた。ところが、グローバリゼーションによって、中央集権的に所得再分配をする機能を、福祉国家は奪われつつある。

そこでヨーロッパでは、国民国家の権限を上方に移譲させる一方で、下方にも移譲させようとする動きが顕在化する。つまり、国民国家の社会的セーフティネット機能の減衰を、国民国家の権限を下方へと移譲することによって補完しようとする動きである。これが一九八〇年代からヨーロッパで始まる地方分権を推進する運動である。こうした動きは、一九八五年にヨーロッパ評議会が制定したヨーロッパ地方自治憲章となって実を結ぶ。

このヨーロッパ地方自治憲章では、個人で解決できないことは家族で、家族で解決できないことは地域コミュニティに、地域コミュニティで解決できないことは基礎自治体に、基礎自治体で解決できないことは中間レベルの広域自治体へという、一九世紀のドイツ哲学に端を発する「補完性」原理を高らかに謳い上げる。こうした「補完性」原理にもとづいて、基礎自治体の決定を優先させ、上位政府の介入を最小限にとどめるという基礎自治体優先主義を打ち出したのである。

こうした「補完性」原理は、マーストリヒト条約にも盛り込まれ、ヨーロッパの統合は地方分権なくしてはありえないというコンセンサスが成立していく。つまり、国民国家の権限を上方と同時に下方にも移譲し、国民国家の機能を両極に分解させていくことが模索されている。これは国民国家が経済システムにとっては狭すぎるけれども、社会システムにとっては遠すぎるという国民国家のアンビバレントな性格を解消させようとする試みだということができる。

グローバル化とローカル化を合成した、グローカリゼーション（glocalization）という言葉がある。国民国家の機能を上方と下方に分岐していこうとする動きは、まさにグローカリゼーションである。この一九八五年のヨーロッパ地方自治憲章を契機にして、地域分権を推進していく改革が世界的潮流を形成していくことになる。

福祉国家脱却を巡る二つのシナリオ

福祉国家の行き詰まりに対応して、ヨーロッパでは国民国家の機能を上方と下方へと分岐させていこうとする動きが加速し、世界的にも地方分権の潮流が形成されたことは、既にみたとおりである。

現在は、福祉国家の行き詰まりからの脱却を巡って、二つのシナリオがせめぎ合っている時代と概括することができる。一つは、中央集権型強制力強化のシナリオであり、もう一つは参加型民主主義活性化のシナリオである。

福祉国家とは、国民から遠い中央政府による「参加」なき所得再分配国家であった。つまり、中央集権型強制力強化のシナリオは、福祉国家の現金給付による所得再分配という側面を切り捨て、「参加」なき中央集権という側面を維持ないしは強化しようとするシナリオである。

もちろん、福祉国家という「大きな政府」による現金給付による生活保障という公共サービスを切り捨てていけば、社会統合に亀裂が走る。混乱する社会秩序を維持しようとすれば、暴力を背景にした政府の強制力を強化するしかない。その結果、政府機能としては秩序維持機能だけに特化した「小さな政府」を目指すことになるけれども、それは「戦争国家」への道を辿る危険が迫ってくることも意味する。

これに対して参加型民主主義活性化のシナリオは、福祉国家の生活保障機能という側面を維持したまま、「参加」なき中央集権という側面を改めることを目指す。つまり、国民から遠い中央政府による「参加」なき生活保障ではなく、国民に身近な地方自治体における「参加」による「参加型」保障に切り換えるシナリオである。

もっとも、福祉国家の生活保障機能を維持するとしても、現金給付による生活保障は、現物給付つまりサービス給付による生活保障に改めなければならない。既に述べたように、そもそも国境を管理しない地方自治体では、現金給付による生活保障は機能しない。しかし、現物給付つまりサービス給付による社会保障は、中央政府には不可能である。というのも、現物給付を中央政府が実施しようとすれば、地域社会の生活実態に応じて、地域社会ごとに出先機関を設置せざるをえないため、地方自治体が担うことと同じ結果になるからである。

しかも、こうした対人社会サービスは、福祉国家から「人間国家」への移行という観点からすれば、「人間国家」の経済システムである知識社会への参加への保障ともなるし、「人間国家」の生活の「場」である社会システムへの参加保障となる。一九八五年のヨーロッパ地方自治憲章に象徴される地方分権のうねりも、こうした「参加型」民主主義のシナリオにもとづいているといってよい。

これに対してサッチャー政権にしろ、レーガン政権にしろ、新自由主義政権は、中央集権型強制力強化のシナリオにもとづいていた。サッチャー政権がヨーロッパの経済統合にうしろ向きだったのも、中央集権や強制力強化というシナリオのゆえでもある。

地方分権とは、国民一人ひとりに、生活と未来を決定する権限を移譲していくことである。そのために共同意思決定をする権限を、国民の手の届く身近なところに設定しようとする。それだからこそ、「参加型」民主主義活性化のシナリオは地方分権改革と結びつくのである。

地方自治体の任務拡大

そうなると、地方自治体の任務は拡大する。財政には三つの機能がある。それは資源配分機能、所得再分配機能、経済安定化機能である。市場社会が誕生した頃の自由主義国家の時代には、財政の機能は、公共サービスを提供する資源配分機能に限定されていた。ところが、これに一九世紀後半頃から、所得再分配機能が加わり、世界恐慌を契機にして経済安定化機能が加わる。

しかし、所得再分配機能も経済安定化機能も、中央政府の任務となる。それは境界を管理しない地方自治体には所得再分配機能は担えないし、通貨高権のない地方自治体は経済安定化機能も任務となりえないからである。したがって、図4−1に示したように、地方自治体は地方公共財という資源配分機能だけを果たすと考えられてきたのである。

地方公共財とは、警察や、消防、それに生活道路や公園などの生活基盤にかかわる物的社会資本である。つまり、個々人に割り当てることが不可能な公共サービスである。ところが、地方公共財を供給することに重点が置かれていた地方自治体の機能が、図4−1に示したように、福祉・医療・教育・文化などの準私的財の供給や、そうした現物給付を通じて所得再分配の機能を部分的に責任分担する方向へと拡大していく。もちろん、市場経済がボーダレス化し、中央政府もボーダー（国境）を管理できなくなり、所得再分配機能を充分に果たすことができなくなって

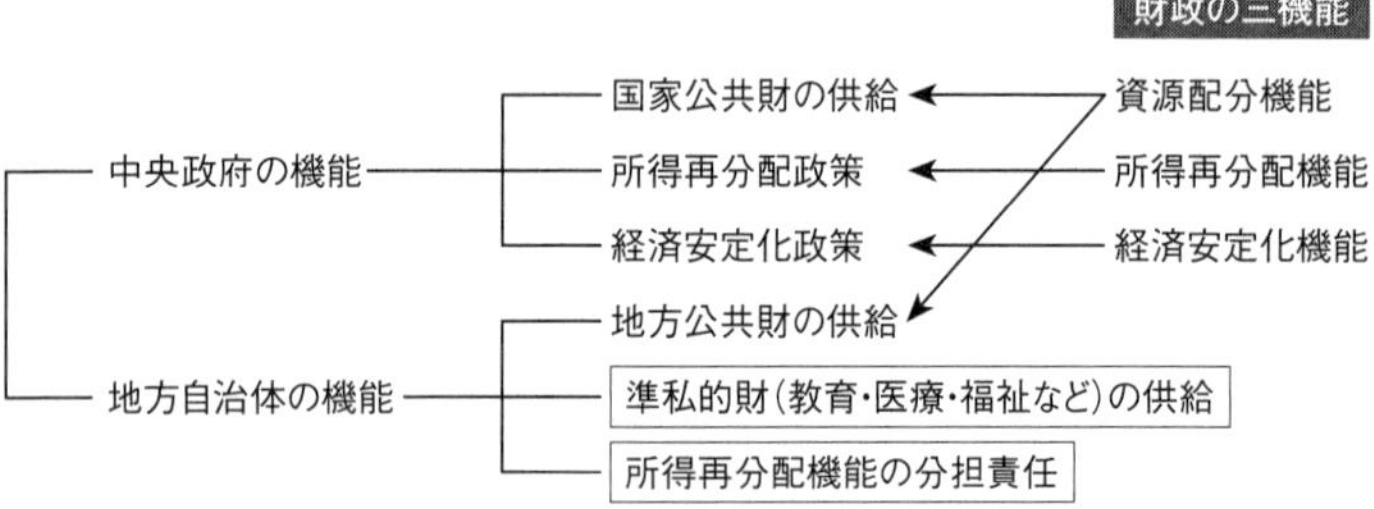

注：［　　］の囲みは付加・拡大される地方自治体機能

図4-1　財政機能と地方自治体の任務拡大

しまったからである。

図４－１で、拡大していく任務となる福祉・医療・教育などの対人社会サービスを準私的財と呼んでいるのは、個々人に割り当てることが可能なサービスだからである。個々人に割り当てることが可能であれば、私的財として市場で取り引きをすることもできる。

しかし、こうした対人社会サービスは、既に述べたように、知識社会に向けて、むしろ重要となる社会的セーフティネットであるとともに、知識社会への参加保障となる社会的トランポリン的機能を果たすことになるものである。そもそも福祉・医療・教育などという対人社会サービスは、家族や地域コミュニティの内部で、無償労働による相互扶助として、社会システムで提供されてきたものである。そうした無償労働で提供されてきた対人社会サービスを、市場に乗せて経済システムで供給しようとしても、劣悪な労働条件を前提にしないと採算に乗りにくい。

逆に無償労働を復活させれば、社会システムで担うことが可能である。もちろん、家族や地域コミュニティの機能が縮小したために、社会システムといっても家族や地域コミュニティに期待するわけにはいかない。しかし、無償労働の労務提供、つまりボランティアによれば可能となる。それが可能となる根拠は充分にある。知識社会で人間の能力が高まることによって、労働生産性は上昇する。しかし、人口は減少するので、自由時間が急速に拡大していくからである。

もっとも、人口が減少しても、対人社会サービスを必要とする高齢者の比率が増加するので、夢物語だと考えられがちである。しかし、スウェーデンでは高齢者が互いに助け合う「友情支援サービス」が活発である。たとえば、リタイアした看護師たちが、自己の専門能力を発揮して、「家族支援サービス」に無償で従事している。金儲けのためでなく、ただ使命を果たしていると実感できるため、リタイア後の生活のほうが生きがいがあると語っている。というよりも、そもそもスウェーデンでは、ボランティアとはリタイアした高齢者のするものと考えられているのである。

人間は他者にとって、自己の存在が必要だとされたときに、幸福を実感する。自由時間が増加すれば、他者のために貢献して、幸福のときを過ごそうとするのが、人間のはずである。「人間国家」では、こうした社会システムの参加を保障するためにも、対人社会サービスを「身近な」政府である地方自治体が提供することになる。

家族や地域コミュニティの機能が縮小したために、地方自治体が引き受けなければならない任務は、対人社会サービスだけではない。地域社会ごとに相違する自然環境の保護や文化活動などもある。こうした任務も、「人間国家」の地方自治体は引き受けることになる。

道州制の導入

地方分権を推進しようとすれば、地方自治体の任務が拡大する。そうなると、任務の受け皿として統治機構を改革しようとする動きが胎動する。ヨーロッパでは、国民国家の機能を上方と下方に分岐させようとする動きによって、下方に移譲された機能を受け皿として、道州制を導入しようとする動きが生じてくる。具体的には、フランスのレジオン、イタリアのレジョーネ、スウェーデンのレギオンなどの道州制の潮流である。

国民国家の機能としての産業政策が、EUという超国民国家機関へと上方に移譲されると、EUはEU内部の地域間格差是正のために、構造資金を設けるようになる。この構造資金の受け皿として、道州制の導入が意図される。そのため、ヨーロッパの道州制の重要な任務は地域経済振興にある。

フランスでは、レジオンという国の行政区画を一九八二年の地方分権化法で地方自治体とし、職業訓練を中心に地域経済振興を担うことを任務としている。イタリアのレジョーネをみると、EU構造基金の受け皿であるとともに、医療の担い手ともなっている。イタリアは日本と同様に職域別に医療保険が分立していたが、一九七八年の国民保険サービス法で職域別の医療保険を一本化し、レジョーネを医療サービスの提供主体としたのである。

スウェーデンでも、九〇年代後半からＥＵ構造基金の受け皿として、レギオンという道州制導入の動きが始まる。スウェーデンでは広域自治体としてランスティングが存在している。このランスティングの任務は、医療サービスの提供に絞られているといってよい。このランスティングと重ね書きするように、同じ区画でレーンという国の行政区画が存在する。レーンには地域経済振興を担う国の出先機関が存在する。

スウェーデンは二〇あるランスティングを廃止して、六から九のレギオンに再組成するとともに、レーンの地域経済振興にかかわる権限もレギオンへ移すことを構想する。つまり、レギオンは医療と地域経済振興を担うことを任務として構想されたのである。

そのため一九九七年からスウェーデンでは、手を挙げた地方自治体によるパイロット的なレギオン実験がおこなわれた。しかし、道州制導入を推進してきた社会民主党から、消極的な中道右派へと政権が交代したため、レギオンへの移行は強制されず、現在ではレギオンとランスティングという二つの広域自治体が併存する事態となっている。

こうしてみていくと、ヨーロッパの道州制は、ＥＵという超国民国家機関の形成と結びつき、地域経済振興と医療という役割を車の両輪として、いずれか一方あるいは両方を担わせることを目的に導入されていることがわかる。

日本でも道州制の導入が議論されているけれども、その目的は判然としない。強いていえば、道府県という広域自治体の規模を大きくして行政コストを縮小することが目的のようである。しかし、公共サービスで「規模の利益」が働くと仮定しても、広域自治体をさらに大きくすれば、国民から「遠い」政府となり、ニーズに応じた公共サービスを提供する有効性は低下してしまう。職域別に分立している日本の医療保険を一本化する改革と結びつけるなどして、道州制がどのように国民の生活を向上させていくかを明確にしない限り、意味のある構想とは思えない。

市町村合併の二つの道

グローバリゼーションと関連して、基礎自治体が再編されていく動きは、明示的にはそれほど認められない。とはいえ、地方自治体の任務拡大に対処するために、基礎自治体を再編成するという動きは生じている。こうした基礎自治体を再編成する道には、二つの道が存在すると考えられる。

一つは、基礎自治体つまり日本でいえば市町村の強制合併を進める道である。もう一つは、合併を拒否し、基礎自治体の連合を推進する道である。

基礎自治体の強制合併という道を採用したのは、スウェーデンである。スウェーデンでは、合併を第一次と第二次という段階で進めている。

スウェーデンの第一次合併は、地方自治体の任務拡大を想定したものではなく、地方自治体の財政力の格差是正を目的としていた。スウェーデンでは財政力格差を是正するのに二つの方法があると考えられていた。一つは、中央政府が補助金を交付したり、事務を中央政府に移管するという垂直的調整である。しかし、この調整は国民から遠いところで調整されてしまうので民主的ではないと拒否される。もう一つは、市町村同士で水平的に協力する調整がある。スウェーデンでは、この水平的協力としての合併が選択されている。もちろん、水平的な「協力」である以上、強制ではなく、自発的合併となる。

スウェーデンの第二次合併は、基礎自治体の教育と福祉という対人社会サービスの任務を拡大させるために、基礎自治体の財政力の強化を目的に実施されている。第二次合併では強制合併が導入され、二四九九の基礎自治体を二七八にまで減少させている。現物給付である教育サービスと福祉サービスは、スウェーデンでは中央政府からの委任事務となっていた。これを地域社会が多様なニーズに合わせて自立的に決定して供給できるようにするために、強制合併を推進したのである。

その際に二つのルールを設定している。教育サービスと福祉サービスを自立的に決定できる人口規模を、教育サービスについては六五〇〇人から八五〇〇人、福祉サービスについては五〇〇〇人から六〇〇〇人と算定した。その上で合併によって八〇〇〇人以上の規模にすることを要求したのである。

もう一つのルールは、農村コミューンと都市コミューンの区別、日本でいえば町村と市の区別を廃止して、中心のコミューンと周辺のコミューンとの合併を原則とした。つまり、人口流出の可能性のある周辺コミューン同士の合併を認めなかったのである。

スウェーデンでの合併は、常に財政力を高め、公共サービスの供給増加を目指しておこなわれている。同時に、国民の手の届く身近な地方自治体で自立的に決定できることが、合併の目的になっている。

しかし、財政力を高めるために大きな地方自治体にすると、住民から「遠い」地方自治体となってしまう。それは、国民一人ひとりの生活と未来に対する決定権限を弱めてしまう結果となる。

そこでスウェーデンでは、合併をしても、地域コミュニティごとに自発的に手を挙げれば、地区委員会を設置することができるようにした。この地区委員会では、住民参加のもとに地域コミュニティごとに、身近なサービスについて供給を決定できる。

地方自治体同士で連合する

合併を拒否し、地方自治体の任務拡大に、地方自治体が連合組織を形成することによって対応している国は、フランスである。フランスは地域コミュニティに重ね書きをした基礎自治体であるコミューンつまり市町村を維持している。つまり、自然村に行政村を重ね書きして基礎自治体を形成している。そのため人口六六〇〇万のフランスに、三万にも及ぶ基礎自治体が存在している。それは大きくすれば、「遠い」政府となり民主主義が機能しなくなると考えているからである。

しかし、こうした規模の小さな基礎自治体では、拡大していく現物給付を提供するという任務を担えない。そこでフランスでは、基礎自治体であるコミューンが連合して共同事業を営む都市共同体を形成することで任務拡大に対応している。

日本でも、地方自治体が連合して広域連合を形成することができる。広域連合には議会も設置可能である。しかし、日本の広域連合には課税権がない。フランスの都市共同体では、議会の設置も可能な上、課税権が与えられており、日本の地方自治体の連合組織とは相違している。

自治体の合併において、別々の二つの道を歩んだスウェーデンとフランスの結果をみてみると、強制合併を実行したスウェーデンでは、合併した後も教育や福祉といった対人社会サービスについては地区委員会が担っていることが多い。対人社会サービスは規模が小さいほうが機能しやすいし、何よりも地域コミュニティで営まれている人間の生活を民主的に自己決定できるからである。つまり、基礎自治体を大きくしても、手の届く身近な基礎自治体であらゆる工夫がされている。

それに対してフランスでは、基礎自治体であるコミューンが教育や福祉といった対人社会サービスを供給するけれども、地域振興やゴミ処理などの規模の利益が働く公共サービスは、都市共同体が担っていく。

そうだとすれば、基礎自治体合併の二つの道のいずれかを歩んでも、結果は同じということになる。つまり、フランスでもスウェーデンでも、廃棄物処理などの環境や公共交通などの規模の利益が働くハードウェアの公共サービスは、フランスでは都市共同体、スウェーデンでは合併した市町村が担っている。逆に、福祉や教育という対人社会サービスは地域コミュニティを基礎にしたフランスでいえばコミューンが、スウェーデンでいえば地区委員会が引き受けているからである。

内部効率性と外部効率性

日本の地方自治体の再編では、道州制にしろ、基礎自治体の合併にしろ、地方自治体の空間的区域を拡大させることによって、公共サービスの効率性を高めようとして推進される。それは、日本では、政府と企業という二つの経済主体の相違が無視されているからである。つまり、政府の合併を、あたかも企業の合併のように考える傾向があるためである。

公共サービスの効率性といっても、それには、内部効率性と外部効率性の二つがある。内部効率性と外部効率性との関係は、図4－2に示したとおりである。

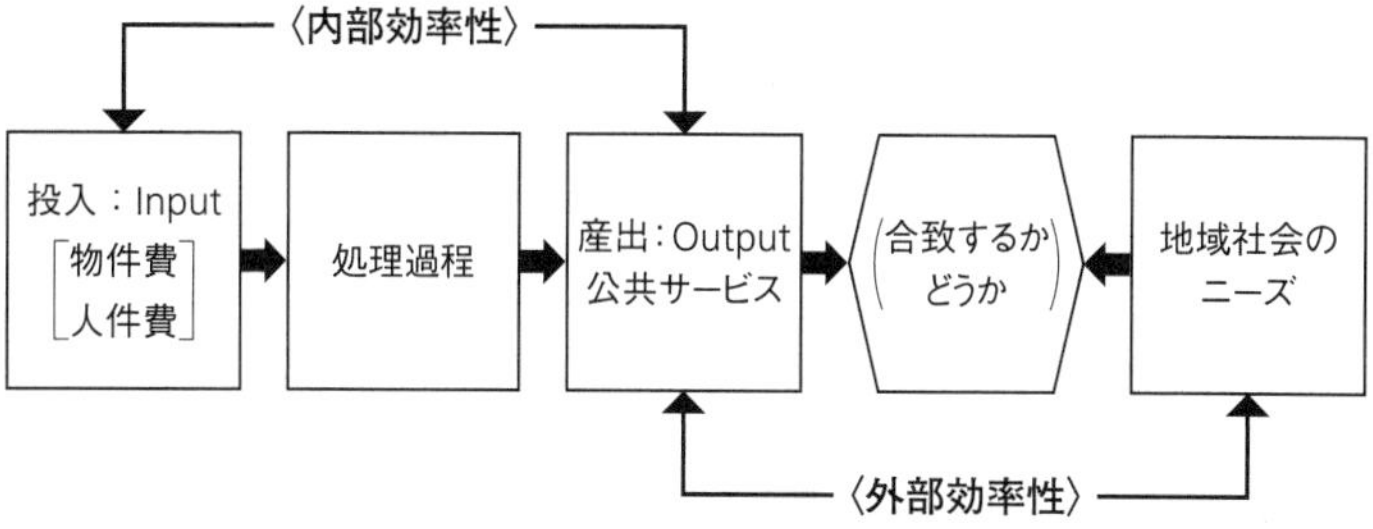

図4-2　内部効率性と外部効率性
出所：大住荘四郎『パブリック・マネジメント』原図を修正して作図

内部効率性とは、公共サービスをいかに低いコストで提供できるかという効率性である。つまり、人件費と物件費を適切に組み合わせ、低いコストで公共サービスを提供することである。

空間的区域の面積が一定であれば、内部効率性は人口が増加するにつれて向上し、最適点を過ぎるとコストが増加して低下していくと考えられている。実証研究で、人口規模で二〇万人の市町村が公共サービスのコストが最も低いなどといわれるのは、内部効率性を問題にしているといってよい。

一般的にいって、人口が増加すると公共サービスの一人あたりのコストは低下しそうである。しかし、合併すると面積も増加してしまうので、人口が増加したからといって必ずしも一人あたりのコストが低下するとは限らない。というよりも、対人社会サービスでは、かえって一人あたりのコストが上昇してしまうケースが多い。

外部効率性とは、公共サービスが地域コミュニティの住民のニーズと合致しているかどうかという効率性である。地域住民のニーズに合致しない公共サービスを、いくら低いコストで提供したとしても意味がない。

地方分権の意義は、地域コミュニティごとに多様に相違するニーズに合致するように、公共サービスの提供を決定できる点にある。一般的に合併によって人口が増加すれば、外部効率性は悪化する。地方自治体の空間的区画を拡大し、地域住民の人口が増加すれば、「規模の利益」が働いて内部効率性が高まるとしても、住民にとっての「お好みの公共サービス」が提供されにくくなり、外部効率性は劣化してしまうのである。

外部効率性は、地方分権によって確実に高まる。というよりも、外部効率性を高めるために、地方分権を推進するといってもよい。

地方分権では、内部効率性と外部効率性の二兎を追う必要がある。合併に関していえば、合併をするかしないかが、問題なのではない。内部効率性を高めるために合併をするのであれば、合併によって劣化する外部効率性をいかに高めるかという工夫をしなければならない。つまり、「遠い」政府を「身近な」政府とし続け、民主主義を活性化させる工夫が必要となるのである。逆に合併をしないのであれば、合併をすることによって得られるメリットを、いかにして確保するかという工夫が必要となる。

道州制や地方自治体の合併を考える場合には、内部効率性と外部効率性との両立を可能にする道を見い出さなければならないのである。

「人間国家」の統治機構

自然には、景観という地域ごとの「顔」があり、その「顔」に合わせるように、地域ごとに人間が自然と「生」を「共」にする「人間の暮し」がある。地域ごとに営まれる「人間の暮し」では、人間と人間とが「生」を「共」にする地域コミュニティ、つまり人間を一つの社会として取り結ぶ関係を形成して、「人間の生命」が育まれる。つまり、地域コミュニティとは、人間と自然が「生」を「共」にし、人間と人間とが「生」に「共」にし、人間の包括的な生活機能が営まれる「生活細胞」と呼ぶべきものなのである。

自然景観つまり生態圏が同心円状に広がるように、同じような地域コミュニティが集まって、地域社会が形成される。同じような細胞が集まって、生命体の器官が形成されるように、同じような「生活細胞」としての地域コミュニティが集まり、地域社会という「生活器官」が形成されることになる。

しかも、器官が集まって生命体が形成されるように、市民社会という生活生命体が成り立つ。こうした社会システムに対応するように、「人間国家」の政治シス

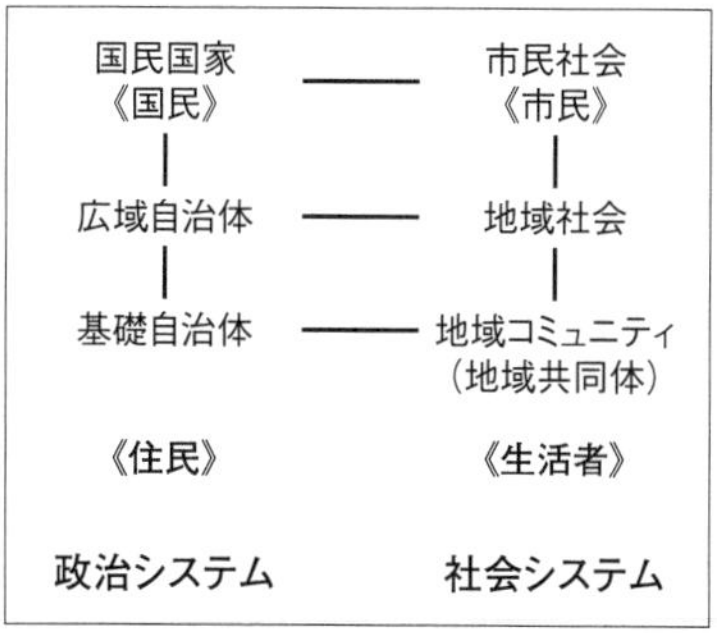

図4-3　統治機構と社会システム
出所：玉野井芳郎『玉野井芳郎著作集第3巻 地域主義からの出発』原図を参考にして作成

テムとしての統治機構は構成されなければならない。

今は亡き玉野井芳郎先生に学びながら、この関係を図示すると、図4－3のようになる。つまり、地域コミュニティを基盤に基礎自治体が、地域社会を基盤に広域自治体が、市民社会を基盤に国民国家が成り立つことになる。

とはいえ、既に何度も述べたように、現在はグローバリゼーションによって、国民国家が動揺している。だからといって、統治機構を社会システムが崩れるような方向で再編すれば、国民は根無草のように砂状化してしまい、社会統合は困難となる。

先に述べた内部効率性と外部効率性を勘案しながら、社会システムの凝集力を集める方向で、政治システムを再編していくことこそが、「人間国家」への道である。

「三つの政府体系」を築く

「人間国家」の政治システムでは、国民の手の届くところに、共同意思決定をする統治機構が再設定されなければならないという発想から、従来から著者は「三つの政府体系」を唱えてきた。

「三つの政府体系」とは、中央政府と地方自治体だけではなく、社会保障基金も統治機構の政府として設定するという主張である。「三つの政府」に、いずれの社会の構成員もが所属して、どのような共同の不幸を、どのように分かち合っていくかを、仲間意識を基盤に共同意思決定していくことになる（図4－4）。

社会保障基金を政府と設定することには疑問を感じるかもしれない。しかし、国民経済計算では一般政府は、中央政府、地方政府、それに社会保障基金の三つの政府から成り立っている。実際、フランスでもドイツでも、社会保障基金も選挙によって代表が選ばれて、社会保障の給付や負担が決定されている。スウェーデンでも選挙はないが、社会保障基金は中央政府と地方自治体とは独立した機関になっている。

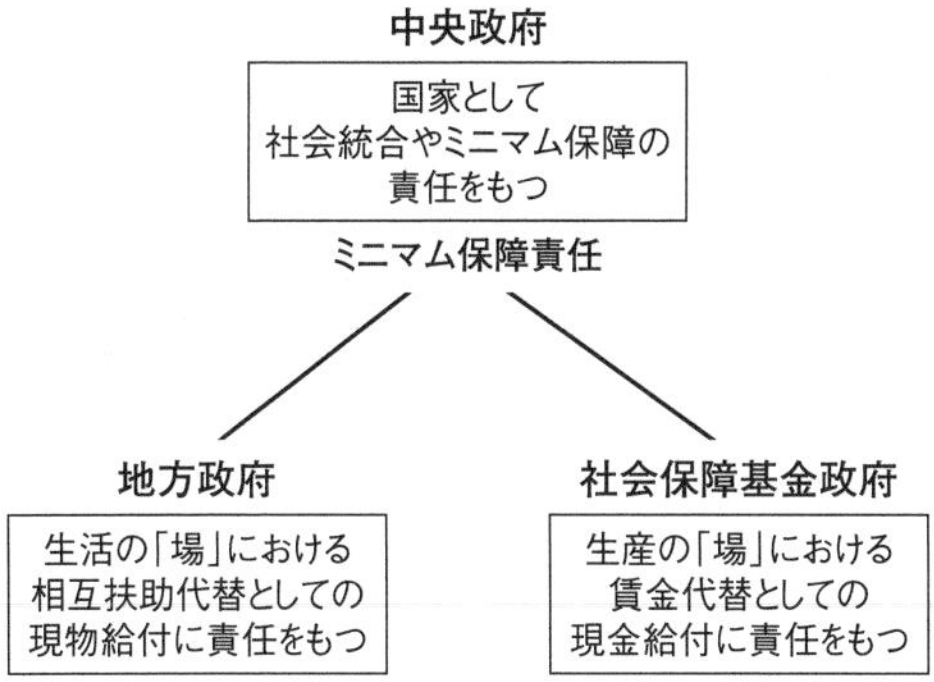
中央政府
国家として
社会統合やミニマム保障の
責任をもつ
ミニマム保障責任
地方政府
生活の「場」における
相互扶助代替としての
現物給付に責任をもつ
社会保障基金政府
生産の「場」における
賃金代替としての
現金給付に責任をもつ
図4-4　三つの政府体系

市場社会とは、生産の「場」と、生活の「場」が分離している社会だと繰り返し指摘してきた。そうだとすると、社会保障基金は生産の「場」における政府であり、地方自治体は生活の「場」における政府だということができる。

社会保障基金の歴史は、一八八三年にドイツでビスマルク（Otto von Bismarck）が創設した健康保険をもって始まる。ビスマルクは過激な労働組合を抑えることを意識して、「坑夫共済組合」を実施していた共済活動を強制化して、健康保険を創り出す。つまり社会保障基金とは、生産の「場」で労働組合などを組織して、互いに掛け金を出し合い、病気や失業あるいは高齢退職などによって賃金を失ったときに保障し合う共済活動を基盤にして成り立っている。

現在の日本の中央政府によって統合運用される現金給付を基軸とした社会保障は、国民には理解しがたい錯綜した仕組みとなっており、官僚主義的弊害に侵されがちである。そのため国民は、社会保障を基礎づけている自発的協力という社会的基盤が認識できなくなり、社会保障は社会的信任を失い動揺している。

こうした社会保障基金を「政府」だと位置づけると、社会保障基金は生産の「場」における、互いの仲間意識で賃金を保障し合う政府だということができる。つまり、賃金を失ったときに給付される賃金代替の現金給付に責任をもつ政府が、社会保障基金なのである。

これに対して地方自治体は、もともと教会などをシンボルとして、地域コミュニティが相互扶助で提供し合っていた福祉、教育、医療などの現物給付を提供する政府ということになる。つまり、地域コミュニティの相互扶助という自発的な協力では限界があるので、地方自治体が強制的な協力で現物給付を提供するのである。社会保障基金が賃金代替の現金給付に責任をもつのに対して、地方自治体は相互扶助代替の現物給付に責任をもつというように整理することができる。

もちろん、地域コミュニティは相互扶助でサービスを提供し合うだけではなく、共同作業で街路や水利など生活環境施設を築いたり、維持管理をしたりする。そのため地方自治体も、同様の責任を負うことをつけ加えなければならない。

第二章で説明したように、知識社会において必要とされる能力は、個人の人間的能力と、その人間同士の絆である社会関係資本である。知識社会は一人の天才の能力では生まれない。それぞれの社会の構成員が、それぞれの掛けがえのない人間的能力を高め、それを惜しみなく与え合わなければ発展しない。

しかし、そうした社会関係資本は、人間の生活の「場」での生活の安心が保障されなければ形成されない。その意味では地方自治体が提供する教育に限らず、医療、福祉という現物給付が、知識社会創生の社会的インフラストラクチュアとして、本質的役割をも果たすことになる。つまり、「安心そしてチャレンジ」ということになる。

中央政府は国家として、社会統合することに最終的な責任を負っている。したがって、防衛などの国家組織を維持していく公共サービスだけではなく、地方自治体の現物給付や社会保障基金の現金給付に対しても、中央政府はミニマム保障の「中央責任（central responsibility）」を負わなければならない。

このように「三つの政府体系」に統治機構を再編すると、国民はどの政府にどういう租税を支払うかが明確になる。国民は国民社会を構成する構成員として、国税を中央政府に支払う。しかも、国民は生活の「場」である地域コミュニティの住民として地方税を地方自治体に支払い、さらに、生産の「場」での組合員として社会保障基金政府に社会保障負担を支払うことになる。

そうすると、地域住民として、どのような現物給付をどの程度提供し合うかということを決め、それに対応して、どのような地方税をどの程度負担し合うのかを決めることができる。社会保障の組合員として、どのような社会保険をどの程度提供し合うのかを決め、それに対応して、どのような社会保障負担をどの程度負担し合うのかを決めることができる。最後に国民として、最低保障責任をどこまで果たすのかを決め、それに対応して、どのような国税をどの程度負担し合うのかを決めることができる。

このように「三つの政府体系」を目指し、国民が共同意思決定をする統治機構を分散し、かつ国民によって手の届くところに設定することをすれば、国民一人ひとりの生活と未来への決定権限は確実に高まる。

未来は誰にもわからない。どんな人間にも掛けがえのない能力がある。民主主義はこの二つの真実を前提にしている。つまり、二つの真実を前提にすれば、すべての社会の構成員が、掛けがえのない能力を発揮して、共同意思決定で未来を選択したほうが、誤りが少なくなるのである。

二 「参加型」民主主義を構想する

民主主義を育てる

「人間国家」の政治システムは、国民の政治システムへの参加を保障するようにデザインされていなければならない。とはいえ、政治システムへの参加が保障されていたとしても、参加への国民の情熱が燃えていなければ意味がない。そうした政治システムへの参加の意義を日本国民は、東日本大震災の過酷な経験から学んでいる。

人間と自然が「生」を「共」にする。人間と人間が「生」を「共」にする。しかも、人間社会の共同の困難に対して、傍観者として手を拱くだけではなく、その解決者として積極的に参加しなければならないという参加意識の大切さを学んだはずである。

国民の政治システムへの参加は、民主主義を活性化させることと同義である。というよりも、「参加型」民主主義の実現こそ、民主主義の活性化だといってよい。

市場社会を制御するのは市場ではない。トータル・システムとしての市場社会を制御するのは、民主主義である。それだからこそ民主主義を培養し、それを次の世代に引き継いでいかなければならない。

スウェーデンの子供たちは、義務教育に入学する前の就学前教育から政治システムへの参加の能力と、政治システムで影響力をもつことを学ぶ。一九九八年に制定された就学前教育の指導要領には、子供たちが自己の意思を社会の形成に反映させることを目指した「子どもの影響力・参加（Barns inflytande）」の項が設けられている。そこには、「デモクラシーの意味を理解すること。子どもの社会的な成長は、それぞれの能力に応じて自らの行動や環境に対して責任を持つことにより促される。教育活動の計画や就学前学校内の環境作りに当たり、子どもの要求や関心を尊重すべきである」と謳われ、その目標として次の三項目が掲げられている。

一、自分の考えや意見を表現する能力を成長させ、自分の置かれている環境に影響を与えることができるようになること、

二、自分の行動や、就学前学校内の環境に対して責任を持てるようになること、

三、さまざまな協同作業や決定過程への参加を通して、デモクラシーの原則を理解しそれに沿った行動ができるようになること。

(秋朝礼恵「1．出産・育児事情」岡沢ほか『スウェーデン』三一―三二頁)

スウェーデンでは選挙権も被選挙権も、一八歳で得る。日本でも二〇歳になって選挙権が与えられれば、選挙権を行使しようと子供に教えている。それが民主主義の基礎だとも教えている。しかし、スウェーデンではそれで終わるわけではない。スウェーデンでは、一八歳になると、あなたは「選挙する」権利と、「選挙される」権利をもつので、「選挙される」権利を行使しようと、子供たちに教え、あなたが希望すれば、政党はあなたを候補者リストに載せてくれるであろうと指摘している。

スウェーデンでは、比例代表制なので、政党が候補者リストの上位に載せてくれれば、当選す

ることができる。スウェーデンでは人口が九〇〇万人程度なのに、地方議員は六万人いる。少し前までは二〇万人もいた。つまり、地方議員に当選する確率はきわめて高いのである。

しかし、選挙に出て議員になることは誰にでもできるわけではないし、誰もが望むわけでもない。しかも、選挙は四年に一回で常時実施されるわけではない。そこでスウェーデンでは政治に影響を与えるために、「新聞に投書しよう!」、「地元のラジオで喋るよう努力しよう!」、「政治家と連絡を取って個人的に話し合ってみよう!」と子供たちに教えている。

しかし、こうした方法も誰もが好むというわけではない。そうした場合には、スウェーデンでは子供たちに次のように教えている。

人は1人では無力です。何かに影響を与えたいとき、成功を勝ち取るのは他の人々と一緒にやるときです。多くの人々が集まりデモをすれば、統治者はより真剣に耳を傾けようとしますし、マスメディアのより大きな関心も引き付けることになります。大勢が一緒にやれば、良い考えが生まれてくるものですし、交渉力も増加して敬意を呼び起こし、成功への可能性を高めます。

(アーネ・リンドクウィストほか『あなた自身の社会』一三二頁)

しかも、こうした大衆運動を嫌うのであれば、日本でいえばNPOなどの市民組織、地域組織、それに労働組合などの団体への参加を教えている。このような団体に参加し、行動すれば、政治に大きな影響を与えることができるからである。

このようにスウェーデンでは、政治への参加を子供たちに、手を替え品を替え教え、意欲を喚起している。もちろん、行動をすれば、目的が実現するというわけではないけれども、必ず大きな前進があるからである。こうしたスウェーデンの取り組みと比べると、日本は明らかに、民主主義を担う社会の構成員を育成することに失敗している。

「市場抑制―社会拡大」戦略

新自由主義者が「官から民へ」あるいは「民でできることは民で」と主張するとき、その「民」とは、市場や企業のことを意味している。「民」を「タミ」という訓ではなく、「ミン」と音で読ませることで、市場に委ねるという意味で使用されている。しかし、辞書をひもとけばわかるように、もともと「民」には、市場あるいは企業といった意味はない。

「民間」という言葉ですら、辞書を開くと、人民と人民との間という意味であることがわかる。「民間」という言葉も、市場あるいは企業を必ずしも意味しないのである。

そもそも「民」とは「統治される者」を意味する。つまり、「人民」という意味である。「民主」主義の「主」とは「支配する者」を意味する。つまり、民主主義とは、「民」つまり「統治される者」が「主」つまり「支配する者」になることを意味しているのである。

民主主義（democracy）の語源を辿っても、同様のことを学ぶことができる。デモクラシーとは人民（demos）が権力（kratis）を握ることだからである。

「人間国家」への道を歩もうとすれば、民主主義の本来の意味を取り戻し、それを活性化しなければならない。市場社会は市場と民主主義を車の両輪としている。しかし、現在は市場が膨張し、市場と民主主義のバランスが崩れている。膨張した市場とバランスを取ろうとすれば、民主主義を活性化させざるをえない。そのため「人間国家」への道は、民主主義の活性化を求めるのだと、ひとまず理解してもらってよい。

とはいえ、これまでみてきたように、大衆民主主義にもとづく「大きな政府」が失敗したからこそ市場は活性化されたのであって、民主主義を活性化させれば再び「大きな政府」が蘇《よみがえ》るだけだとすぐに反論されるに違いない。

確かに、第二次大戦後に定着した福祉国家がもたらした「栄光の三〇年」と呼ばれる経済成長が終焉を告げ、スタグフレーションが生じると、それは政治システムが肥大化したことに起因するという主張が強まっていく。その結果、一九八〇年代から新自由主義にもとづく「政府縮小―市場拡大」戦略が、世界史の表舞台を闊歩する。

しかし、こうした新自由主義の政策的帰結が、二つの環境破壊を引き起こしていることは、既にみたとおりである。「大きな政府」は「市場の失敗」を克服するために誕生した。その「大きな政府」が失敗したからといって、失敗している市場を拡大しても、悲劇的な惨状が出現することは当然である。それは失敗をした過去に逆戻りすることを意味するだけだからである。

市場も政府も失敗したのであれば、「市場の失敗」と「政府の失敗」を克服する道こそ、模索しなければならないはずである。「市場の失敗」が生み出した社会問題に対応するために、政治システムを拡大させた福祉国家が生まれた。しかし、福祉国家という政治システムの拡大は、「参加なき再分配」国家にしてしまい、中央集権的官僚制を肥大化させてしまった。

「人間国家」への道は、福祉国家の「参加なき」という側面を、「参加型」民主主義によって克服しようとするものである。それは「政府の失敗」を再市場化によって克服するのではなく、社会システムの再活性化による「参加型」民主主義で克服しようとする戦略である。したがって、それは「市場抑制―社会拡大」戦略だといってよい。

社会システムの機能不全という根元的危機

繰り返して確認しておくと、市場社会の財政を考察の対象とする財政学では、総体としての市場社会とはそもそも三位一体であった経済システム、社会システム、政治システムという三つのサブ・システムが分離して、三角形の関係を形成している社会と捉えることになる。それを図示すると、図4－5のとおりとなる。

経済システムでは市場原理にもとづいて、要素市場によって財・サービスの生産と分配が実施される。

社会システムでは共同体原理にもとづいて、財・サービスを消費しながら、生活が営まれる。政治システムでは民主主義の原理にもとづいて、支配・被支配という統治行為つまり社会統合が遂行されることになる。

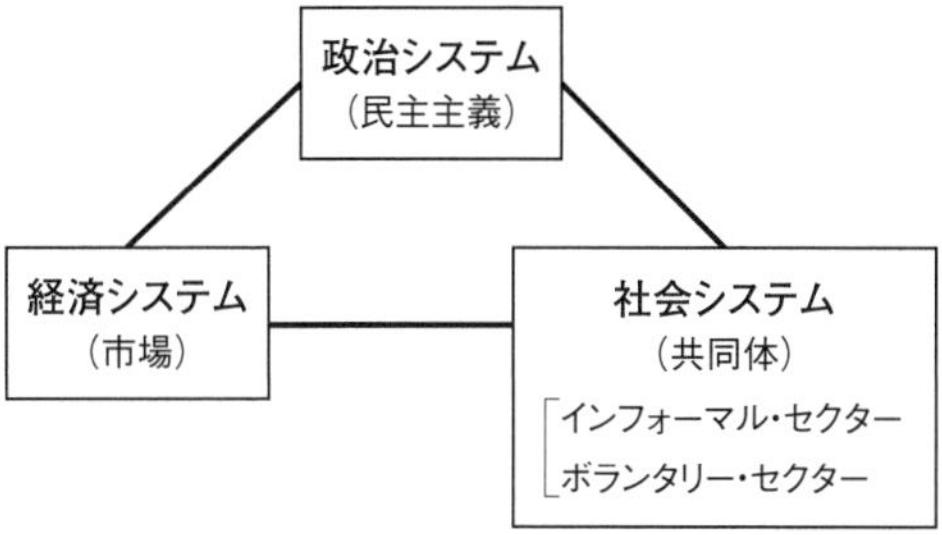

図4-5　総体としての市場社会

ところが、経済システムの市場経済は、ポランニーの表現によれば、「悪魔のひき臼《うす》」として、家族やコミュニティなどという社会システムの共同体的人間関係を磨り潰してしまう。社会システムで対立と抗争が激化すれば、政治システムが設定した私的所有権も不安定化してしまう。そこで政治システムは財政を媒介して、家族やコミュニティの機能縮小を代替する公共サービスを提供し、人間の生活が営まれる社会システムの機能を保障して社会統合を図っていく。

とはいえ、政治システムが有効に機能していないと、政治システムが社会システムの機能を保障する使命を果たさなくなる。市場社会の政治システムは、被統治者が統治者となるという民主主義にもとづいている。しかし、市場が膨張してしまうと、民主主義にもとづく政治システムが有効に機能しなくなる。膨張した市場は、民主主義にもとづく政府の機能を小さくするように要求するからである。

もちろん、民主主義が有効に機能しなくなれば、政治システムは社会システムの機能を保障する使命を怠ることになる。そうなれば社会統合が困難となり、経済システムも結局は機能不全に陥るのである。

しかし、問題は人間の生命の再生産である生活が営まれている社会システムが機能しなくなることにある。それは人間の生命の維持を持続可能にしてきた、人間社会の自己再生力が失われ、人間の社会が持続不可能となる根源的な危機となるからである。

社会システムの二つのセクター

新自由主義はそう唱えるけれども、人間の社会にとっての自然発生的な秩序は、市場ではない。共同体という社会システムである。共同体に抱かれると、自然の自己再生力と社会の自己再生力との調和のもとで、人間の生存が保障される。

そうした共同体の限界を克服するために、共同体と共同体を強制的に協力させようとする政治システムが誕生する。この政治システムが、人間の創造したものではない自然と内なる自然である労働に私的所有権を設定して、要素市場を創り出すことで、市場社会が誕生した。この要素市場は、創造主である政治システムが民主主義の原理のもとに制御しなければ、社会も自然もひき臼のように磨り潰してしまう。

人間の歴史とともに最も古くから存在していた人間の組織は、共同体という社会システムである。経済システムが人間の存在に必要な財を生産し、分配していくための組織だとすれば、社会システムとは人間そのものが再生産されていく組織だといってよい。つまり、社会システムとは人間の生命を再生産するという人間の生活が営まれる組織なのである。

人間は協力して自然に働きかけて生きていかざるをえない群居性を備えた「種」である。群居性を備えた人間が、自発的に形成する組織が共同体である。共同体は自発的に組織された自発的協力の組織である。自発的協力には人間の継続的触れ合いが必要となる。つまり、顔見知りの関係が存在しなければならない。したがって、共同体的協力の組織で、人間の社会を組織化していくには、おのずと限界がある。

こうした共同体という社会システムの組織化の限界を克服するために、強制力を備えた政治システムが誕生する。顔見知りの人間関係を必要とする共同体という社会システムでは、ナイル川や黄河などの大河を治水することは不可能である。古代国家の誕生を想起すれば理解できるように、政治システムとは社会システムの自発的協力を克服するために発生している。つまり、政治システムは社会システムの自発的協力の限界を克服する強制的協力の組織なのである。

そもそも社会とは、「仲間」あるいは「同志」を意味するラテン語の socius にもとづいている。こうした「仲間」や「同志」として結成される社会システムには、図4－5に示したように、大きく二つの部門がある。

一つは、インフォーマル・セクターである。つまり、集まることそれ自体を目的とした帰属集団である家族やコミュニティなどである。

もう一つは、ボランタリー・セクターである。特定の目的のために自発的に組織された機能集団である。労働組合や協同組合に加えて、さまざまな非営利組織が存在する。ヨーロッパでアソシエーションといえば、こうしたボランタリー・セクターを指しているといってよい。

社会システムのコアは、最後の共同体としての家族である。この家族の周辺には地域コミュニティが存在して、インフォーマル・セクターが形成されている。このインフォーマル・セクターの外延を、さらにボランタリー・セクターが取り囲んで社会システムが成り立っている。

「人間国家」への道は、膨張する市場を抑制しつつ、社会システムを大きくしていくことだといっても、具体的な戦略としては、家族機能よりも地域コミュニティの機能を活性化させることを目指すものになる。というよりも、社会システムを活性化して拡大していく戦略上で重要な点は、インフォーマル・セクターよりもボランタリー・セクターを活性化させて、大きくしていくことである。

「人間国家」の経済システムは、知識社会になると、情報手段の飛躍的発展によって、時間節約が可能となる。結果として、労働時間は短縮する。労働時間とは人間が生存していくために、必要な基礎的ニーズを充足する活動に費やされる時間である。人間は厳しい自然と戦い、生存に必要な有用物に自然を変形して、基礎的ニーズを充足する。

しかし、工業化に成功して基礎的ニーズを超える消費が可能になると、基礎的ニーズを充足するために費やされる労働時間は減少する。つまり、人間が基礎的ニーズを充足するために奪われてきた時間から解放され、人間が人間としての生き甲斐を追求できる自由時間が爆発的に増加するという「約束の地」が待っていると考えられるのである。

「栄光の三〇年」という戦後の高度成長の真っ只中で、フランスの経済学者フーラスティエ(Jean Fourastié)は、二一世紀初頭には、週三〇時間労働が実現し、生涯労働時間は四万時間になると予言した。人生が八〇年だとすれば、生涯時間は、七〇万時間ある。生涯労働時間が四万時間になると、睡眠などの生理現象に三〇万時間ほど奪われたとしても、人間が人間としての生き甲斐を追求できる自由時間は、三六万時間にも達することになる。

偉大な経済学者ケインズも、イギリスでは一〇〇年以内に、週一五時間労働が可能となり、金銭的成功が犯罪的で病的な性癖だと思われるほど、豊かになると予言していたのである。

知識社会になると、自由時間が増加するだけではなく、人間の移動性も減少する。情報手段の飛躍的発展は、情報を動かすことによって、人間の移動を不必要にするからである。インターネットで注文すれば、わざわざ遠方まで買い物に行く必要はなくなってしまう。

自由時間が増加し、人間の移動性が少なくなると、人間が人間として触れ合うという機会が増加する。愛し合い、学び合い、人間的文化を創造する機会が増大する。つまり、自発的協力が再活性化し、人間の共同体的絆が強化される。こうした共同体的人間の絆を社会関係資本と呼べば、社会関係資本の蓄積により、社会システムが再活性化することになるのである。

社会システムを拡大させる二つの機能

民主主義を活性化させるには、社会システムを再活性化させなければならない。さらに言えば、社会の構成員の自発的協力を拡大しなければならない。

人間の生活が営まれる社会システムで、社会の構成員の自発的協力によって実施する機能は二つある。一つは社会の構成員が相互に助け合う相互扶助機能であり、もう一つは、社会の構成員が共同の困難を解決するために実施する共同作業という機能である。

社会システムが拡大する場合に、インフォーマル・セクターにおけるコミュニティ機能が拡大し、さらにはボランタリー・セクターも拡大していく。帰属集団であるコミュニティでは相互扶助も共同作業も実施される。一方、機能集団で構成されるボランタリー・セクターでは、機能目的によって大きく、相互扶助を目的とする機能集団と、共同作業を目的とする機能集団とにわかれていく。

相互扶助を目的とする機能集団では、その機能集団に所属する構成員は相互に助け合うことになる。ストックホルム大学の研究員でもあり、日本福祉大学の教授でもある訓覇《くるべ》法子氏の表現に従えば、こうした機能集団は「自助組織」ということになる。この「自助組織」の典型的例が、協同組合である。

国際協同組合同盟（ICA: International Co-operate Alliance）の定義によれば、協同組合とは「共同で所有し民主的に管理する事業体を通じ、共通の経済的・社会的・文化的ニーズと願いを満たすために自発的に手を結んだ人々の自治的な組織」ということになる。

「自助組織」に対して、社会的共同の困難を解決する共同作業を目的とした機能集団は、訓覇氏の定義に従えば、「他助組織」ということができる。「他助組織」は日本では、NPO（Non-Profit Organization）と呼ばれていると認めてよい。一九九八年に制定された日本の特定非営利活動推進法では、特定非営利活動法人を「不特定かつ多数のものの利益の増進に寄与することを目的とする」活動団体と規定している。

社会全体が経済システム、政治システム、社会システムという三つのサブ・システムから構成されるというアプローチに立脚すれば、「自助組織」とは、社会システムが経済システムの方向へ接近していくことを表現し、「他助組織」とは、社会システムが政治システムの方向へと接近していくことを意味する。もっとも、「他助組織」と「自助組織」は融合しつつある。福祉サービスや教育サービスなどを供給する協同組合も登場しているからである。

「参加型」民主主義とは、「自助組織」にせよ「他助組織」にせよ、社会システムが政治システムや経済システムの領域へと外延的に拡大し、結果として社会システムが政治システムの担っていた社会統合機能を担いながら、政治システムの民主主義を活性化することを意図している。つまり、社会システムの再活性化によって、新しい社会統合の方向性を模索するものでもあるのである。

「参加型」民主主義による現物給付の供給

社会システムのボランタリー・セクターは、自助組織と他助組織とに分類できると指摘したけれども、自助組織の「自助」とは相互扶助を意味する。「自助」には「共助」が含まれることを忘れてはならない。

ボランタリー・セクターでは、政治システムが財政を通じて提供する公共サービスを供給することができる。実際、一九八〇年代頃から政治システムを肥大化させた「福祉国家」への批判とともに、ボランタリー・セクターへの期待が高まっていく。

とりわけ一九世紀以来のアソシエーション運動の伝統のあるヨーロッパ大陸諸国では、アングロ・アメリカンモデルに対抗する「ヨーロッパ社会経済モデル」として追求されていく。フランスでは協同組合運動、共済運動、アソシエーション運動の連絡委員会の結成をふまえて、一九八〇年に社会的経済憲章を採択する。さらに一九八一年には社会的経済財団が、一九八三年に社会的経済振興機関が創設されていく。

イタリアでも一九六〇年代にアソシエーションとして生成した社会的協同組合が、政治システムからの委譲により対人社会サービスを供給するようになる。スウェーデンでも、一九八〇年代から子供たちの親たちの組織する協同組合が保育サービスを地方自治体の財源で運営するようになる。さらに、重度障害者が組織する自立協同組合も、専門介護者をパブリック・セクターの財源で雇用して運営するようになる。

しかも、スウェーデンでは、一九九〇年代になると、労働組合員を構成員とする労働者協同組合が設立される。こうした労働者協同組合は、作業療法・理学療法サービスなどを含む保健・医療サービス、さらに歯科サービス、ホームヘルプサービス、知的障害者のデイケアサービスなどの福祉サービスを提供するようになる。

そもそもスウェーデンには、一九世紀末以来、国民教育運動として学習サークルを展開するアソシエーションが存在している。このような国民運動を展開しながら、教育・福祉・医療という対人社会サービスを中心に、ボランタリー・セクターが公共サービスの供給を担っていくことになったのである。

医療・福祉・教育などという対人社会サービスは、「人間国家」の参加保障を実現する重要な現物給付である。「人間国家」の政治システムを活性化する「参加型」民主主義とは、社会の構成員が「人間国家」の参加保障を実現する現物給付の供給に直接参加するということを意味する。しかも、直接参加して供給した現物給付が、今度は供給された側の人の現物給付の供給への参加を保障するという好循環を形成することになる。

「人間国家」の「参加型」民主主義を構築する

スウェーデンではボランタリー・セクターをアソシエーション、協同組合、それに財団の三つに分類している。

訓覇氏によれば、アソシエーションとは「特定の類似した関心や目的をもつ人びとが、それらを達成するために意識的に結合し形成する人為集団」であり、「コミュニティの共同生活を可能にするために、特定の限定された機能の遂行を目的として組織され、共同生活のなかから派生してくる集団」と定義される（『アプローチとしての福祉社会システム論』一七二頁）。つまり、アソシエーションとは、あくまでも機能集団であり、集まることそれ自体を目的とした帰属集団ではない。しかし、あくまでもその活動は、「コミュニティの共同生活」というインフォーマル・セクターの営みを可能にするために実施されることに注意しておく必要がある。

そのことは、ボランタリー・セクターの活動が機能別に実施されるとはいえ、インフォーマル・セクターで営まれる人間の生活が包括的に機能することを可能にするものであるということを意味する。つまり、ボランタリー・セクターの活動は、政治システムの任務である社会統合をも分任していくことになるのである。繰り返しになるけれども、政治システムとは本来、社会システムの限界を克服するために誕生したものである。したがって、ボランタリー・セクターの活性化とは、社会システムが政治システムに委ねた任務を、再包摂するということを意味する。

しかし、ここで注意しておかなければいけない点は、こうした現象は社会システムの拡大であって、自発的協力の拡大でなければならないという点である。重要な点は、「参加型」民主主義による公共サービスの供給は、社会システムの自発的協力によるグラスルーツにもとづくものでなければならないということである。財源節約のために、上から政治システムがボランタリー・セクターを活用することを企図したのでは、それは「人間国家」の求める「参加型」民主主義ではない。

日本では現在、政治システムの側から政治システムの領域を縮小するために、ボランティアやNPOの活用が叫ばれている。これでは本末転倒である。社会システムはあくまでも自発的協力の領域である。ボランタリー・セクターの活性化も、グラスルーツで下からの運動として実施されなければならない。つまり、上から政治システムが強制するものではないのである。

残念ながら、日本で非営利組織といえば、政治システムによって免税特権を認可された組織といってもいいすぎではない状態になりつつある。しかし、本来は社会システム内部から展開される自発的運動でなければならない。

スウェーデンには、伝統的に活発な国民運動がある。一九世紀後半の大不況の後で国民が自発的に展開した禁酒運動、自由教会運動、それに先に述べた国民教育運動といった国民運動を源流として、アソシエーション活動が発展していった。

スウェーデン政府は、国民の誰もが少なくとも一つのアソシエーションに加入して欲しいと訴えている。しかし、それを強制することはできない。あくまでも参加は自発的でなければならないと、スウェーデン政府は説く。

だが、訓覇氏によると、一六歳から七四歳までのスウェーデン人の半数が、教育指導、役員・事務組織、広報・世論形成、資金獲得、直接的援助などのボランティア活動に参加している。しかも、スウェーデン国民は平均して三つのアソシエーションに加入しているという。

民主主義は選挙権と被選挙権を行使するだけでは活性化しない。国民が政治システムへ参加し、影響力を行使するためには大衆運動が広汎に展開されなければならない。しかし、選挙権や被選挙権の行使を広めるにも、国民的大衆運動を広めるにも、社会システムの活性化が基盤となる。もちろん、社会システムの活性化はインフォーマル・セクターよりも、ボランタリー・セクターの活性化を意味している。とはいえ、ボランタリー・セクターの活性化はインフォーマル・セクターの再活性化にも結びつくことを忘れてはならない。

民主主義は本来、生活の「場」である社会システムを基盤としているため、ローカルなものである。つまり、地域社会の自発的協力を基盤に、グラスルーツで下から上へとボトム・アップで活性化していく必要がある。

国民が個として自立する。個として自立した国民が、自立するがゆえに協力する。そうした自発的協力によって、国民が社会形成に参加して、人間の生活を決定する権利を握る。

自立した個による連帯として、国民が社会形成に参加する民主主義を実現することが、「人間国家」の政治システムが求める「参加型」民主主義なのである。

終章

「人間国家」が導く「懐かしい未来」

懐かしい未来

この歴史の「峠」を越えると、「人間国家」の風景が眼前に広がる。「人間国家」とは共同体のように組織されているトータル・システムとしての社会である。それは一九三二年に、スウェーデンの首相に就任したハンソン（Per Albin Hanson）の提唱した「国民の家」のヴィジョンに似ている。「国民の家」のヴィジョンとは、国家は社会システムである「家族」のように組織化されなければならないというヴィジョンだからである。それは社会の構成員の誰もが誰もに対して不幸にならないことを願い合っているという確信が、家族と同様に国民社会にも存在するという理念に裏打ちされている。

「人間国家」とは、ゴルトシャイトの口真似をして、人間の社会を共同体という社会システムのように組織化することを意味している。しかし、これはすぐに理解できるように、トートロジーとなる。人間の社会は、人間社会の本来の自然秩序である共同体のように組織化しなければならないという主張にすぎないからである。

もちろん、こうした同語反復的なヴィジョンを描くのは、この歴史の「峠」で本来の人間社会の自然的秩序が失われようとしているからである。もちろん、それは人間社会にとって根源的危機である。

確かにアダム・スミスは『国富論』で人間には利己心が存在することを説いている。しかし、アダム・スミスは道徳哲学者フランシス・ハチソン（Francis hutcheson）の愛弟子でもある。そのためアダム・スミスは『道徳感情論』で「同感（sympathy）」という概念を導入し、人間の社会的本質を明らかにしようとしていたのである。

同感とは、人間の喜びや悲しみなどという感情は、本人にしかわからない個人に特有なものではなく、お互いに分かち合うことができることを意味する。つまり、アダム・スミスは人間には一面で利己心が存在するけれども、同感という可能性を秘めたアンビバレントな存在だと、人間を理解していた。こうしたアダム・スミスの人間観は、ブッダやアリストテレスの「中庸思想」にも通じる。しかし、現在の経済学では一面だけが強調され、ほかの一面は捨象されてしまっている。

人間の共同体では、人間と人間とが「生」を「共」にし、人間と自然とが「生」を「共」にする共生意識が機能している。「人間国家」は、そうした共生意識を取り戻すヴィジョンである。しかも、共同体では生活と生産を「共」にしながら、共同体の運営については、すべての共同体の構成員による共同意思で決定されていた。「人間国家」はすべての社会の構成員の共同意思決定への参加を取り戻そうとする。

もちろん、こうした参加保障は、共同意思決定をする組織を分散し、そうした組織をピンの原理で結びつけ、下から上へと積み上げていく必要がある。しかし、共生意識が存在すれば、共同意思決定は有効に機能する。つまり、共同体の共生意識は、民主主義を活性化する。というのも、社会の構成員の誰もが誰もに対して、不幸にならないことを願い合い、幸福になることを願い合っているという確信があれば、親和的討議が可能となるからである。

親と子の間での議論を想起してみればよい。親と子の間で何の遠慮もない激論が可能なのは、共生意識に支えられているからである。つまり、親と子の間には互いに不幸にならず、幸福になることを願い合っているという確信がある。そのため親と子との間では、心の丈を打ち明ける議論が可能となる。つまり、子は親が自分とは違った見解を主張するけれども、それは自分が不幸にならないことを願っていてくれるからだと確信している。そのため親和的討議が可能となる。

もちろん、親和的討議は民主主義が活性化する基盤である。「人間国家」では共生主義にもとづいて、自然の自己再生力と人間の社会の自己再生力を回復することになる。それは失われた自然の緑と人間の絆が再生してくることを意味する。

歴史の「峠」を越えて見えてくる「人間国家」の風景は、スウェーデンの女流映画監督ヘレナ・ノーバーグ＝ホッジ（Helena Norberg-Hodge）の言葉で表現すれば、かつて存在した緑と人間の絆が復活した「懐かしい未来」なのである。

幸福を求める参加社会

「人間国家」は「懐かしい未来」だといっても、歴史の時計の針を逆戻りさせるわけではない。

「人間国家」は人間の歴史を前進させ、より人間的な社会を築くヴィジョンである。

「人間国家」の経済システムは、脱工業化して、工業社会から知識社会へと転換する。知識社会では筋肉系統の能力よりも、人間の人間的能力である神経系統の能力を発揮しなければならない。「量」の経済は人間の知識によって、「質」の経済へと置き換えられるようになる。

人間の知識は惜しみなく与え合わなければ意味はない。つまり、個々の人間の人間的能力を向上させるだけではなく、人間がその能力を惜しみなく与え合う社会関係資本が重要となる。それは、共同体の共生意識を回復させることが、「人間国家」の経済システムを活性化させることになることを意味する。それだからこそ「懐かしい未来」となるのである。

ところが、知識社会になるメダルの背面では、情報手段などの飛躍的発展によって、労働時間のタイムセービング（時間節約）が可能となる。そのため結果として、労働時間が短縮する。労働時間とは人間が生存していくために必要な、基礎的ニーズを充足する活動に費やされる時間である。

労働時間の時間節約が可能となるだけではなく、情報を動かすことで、人間の移動を節約できる。つまり、生活の「場」で定住して、生活する時間が大幅に拡大する。そうすると、社会システムが活性化して、さらに知識社会の発展を推進していくことになる。

自由時間が増加し、人間の移動性が少なくなると、人間が人間と触れ合う機会が増加し、愛し合い、学び合い、人間的文化を創造する機会が拡大するからである。社会システムの自発的協力が再活性化し、人間の共同体的絆が強化されることになる。

「する」社会と「観る」社会

人間は人間同士の触れ合いで幸福を実感する。工業社会で所有欲求を充足し、豊かさを実感できたとすれば、工業社会から知識社会へと転換すると、存在欲求を充足し、幸福が実感できるようになる。所有欲求を追求する工業社会では、「お金」で何をするのかが問われる。しかし、存在欲求を追求する知識社会では、人間の生命で何を「する」のかが問われる。

知識社会に転換する「人間国家」は、「する」社会である。「人間国家」でスポーツを楽しむといえば、スポーツを「する」ことである。知識社会に転換したスウェーデンには、プロスポーツは原則として存在しない。

逆に日本でスポーツを楽しむといえば、「お金」でスポーツを買うことである。つまり、市場でスポーツを買い、スポーツを観て楽しむ。スウェーデンが「する」社会だとすれば、日本は「観る」社会である。

音楽も同じである。「人間国家」で音楽を楽しむといえば、ピアノを弾き、バイオリンを奏でることである。もちろん、オペラやクラシックを聴きに行くこともある。しかし、それは演奏者と一体となって音楽という芸術を創造することを楽しむことになる。

工業社会は「観る」社会である。「観る」社会とは、人間が受身の消費者として生活する「観客社会」を意味する。スポーツも音楽も観客として、サービスを市場から購入して楽しむことになる。

「観客社会」では介護サービスのような人間の生活をサポートするサービスも、受身の消費者としての人間が購入する。介護を受ける高齢者は、定期的に食事を与えられ、汚物を処理されることだけを望んでいるわけではない。そうした機会を通じて交わされる人間的触れ合いという存在欲求の充足を求めている。

「人間国家」の「する」社会とは、人間が能動的に生活者として活動する「参加型社会」である。存在欲求を充足する「参加型社会」では、福祉サービスの生産に社会の構成員が参加するという「参加型」民主主義が開花する。「参加型社会」では「生」を「共」にしてきた人びとの触れ合いとともに、食事も汚物処理も提供され、存在欲求が充足されるようになる。

企業がビジネスとして請け負って、定期的に食事を与えたり、汚物を処理したりするサービスを提供するよりも、「生」を「共」にしてきた人びとの協力により、人間的触れ合いとともにサービスを提供するほうが、質の高いサービスを提供できることは明らかである。「人間国家」とは所有欲求を充足する「量と競争の社会」ではなく、存在欲求を充足する「質と協力の社会」なのである。

市場による社会調整が幸福をもたらすか

歴史の「峠」という破局か肯定的解決かの岐《わか》れ路で、「人間国家」へのヴィジョンは人間の生きることの新しい意味を見い出そうとする。こうした人間の生きることの新しい意味を見い出そうとする、「人間国家」のヴィジョンを実現することへの参加と行動は、確固たるものではない。「参加なき所得再分配」国家である福祉国家を、「参加なく所得再分配なき」国家に改めようとする「政府縮小—市場拡大」戦略の奔流《ほんりゅう》の勢いは、衰えることを知らないからである。

福祉国家は重化学工業化という経済システムを前提に、所得再分配と経済成長の両立を目指していた。しかし、市場の信奉者の推進する「政府縮小—市場拡大」戦略では、所得再分配なき経済成長がひたすら目指される。

市場社会での敗者や弱者の生活は社会システムの相互扶助に委ねればよいと、市場信奉者は主張する。というよりも、「大きな政府」が生活保障をするからこそ、社会システムの自発的な相互扶助機能が劣化すると唱える。

しかし、市場は大地の上に存在しているコモンズという社会システムを、自然から離床させ、社会システムを解体して、社会システムから引き離された個人を市場の領域に巻き込もうとする。そもそも「コモンズの悲劇」を唱え、共同体に委ねるのではなく、市場に身を委ねよと主張しているのは、市場を信奉する新自由主義者である。つまり、社会システムを破壊しているのは、新自由主義者が唱えるような政治システムによる所得再分配や社会保障ではなく、市場の領域の節度なき拡大なのである。

新自由主義者は政治システムが社会システムを破壊すると主張するけれども、それは政治システムが社会システムを補完・補強することに異議を唱えているにすぎない。新自由主義者は共同体という社会システムを基本的に嫌悪する。愛情や友情に支配され、共同体への高い帰属意識を抱いていると、実利的な交換の妨げとなると考えているからである。社会システムのしがらみから解放された打算的主体こそが、功利的交換を実現すると想定しているのである。

社会システムの補完・補強から政治システムを撤退させるという主張は、政治システムが経済システムへの介入からも撤退せよという主張にもなる。というよりも、新自由主義者の立場では、政治システムとは市場の領域を拡大していく補強装置となるべきだと唱えられる。

市場の信奉者の基本的な主張は、社会全体の相補関係を調整する機能を、民主主義から市場に委ねよという点にある。しかも、こうした市場による社会調整によってこそ、経済成長という幸福を謳歌できると唱えられる。

逆風に向かって

もちろん、トータル・システムとしての社会調整の原理を、民主主義から市場原理に委ねることは、民主主義の否定である。誰でも知っているように、市場に社会調整を委ねると、一パーセントよりも圧倒的に少数の富裕者による支配になってしまうからである。それにもかかわらず、まるで催眠術にでもかかったように、市場による社会調整を受容して盲従していく状況が生み出されている。

市場と社会の選択が、現在ほど人間の歴史で決定的な意味をもった危機の時代はない。この歴史の「峠」で選択肢は二つある。

第一の選択肢は、社会全体の調整機能を市場に委ね、経済成長は社会と自然の御守りになると信じて、強迫観念に駆られ、競争での敗者にならないように願って走り続ける道である。もう一つの道は、市場を社会全体の構成要素の一つにすぎないと位置づけ、社会の構成員の共同意思決定のもとに市場を制御していく、「人間国家」への道である。

この歴史の「岐れ路」での選択は、人間の歴史で最も根源的な選択となることを忘れてはならない。というのも、生命を育んでくれた水色の惑星とともに歩んだ人間の歴史の旅路を、終わらせるか、再び歩み始めるかの選択だからである。

とはいえ、市場社会では生産・分配という経済活動は市場に委ねられている。もちろん、人間は生存のために、自然に働きかけて、生存に必要な有用物を創り出さなければならない。しかし、そもそも社会システムで担われていた生産を、市場に委ねるためには、コモンズという社会システムを自然から切り離し、社会システムから解放された打算的個人が生まれてこなければならない。社会システムとは人間と人間とが相互に目的とする人間関係なのに対して、市場での人間関係は人間と人間とが相互に手段とする人間関係だからである。

社会システムで生産が担われていたときには、生産は自然の自己再生力と調和した結果としての自然の恵《めぐみ》として理解されていた。生産（produce）の語源であるラテン語（producere）には、自然に内在している可能性を発現するという意味があることが、それを雄弁に物語っている。

市場が社会と自然の自己再生力を破壊しようとするとき、政治の使命は市場を制御することである。もちろん、それには民主主義が有効に機能している必要がある。市場が凱歌を揚げても、「シジフォスの神話」のように敗者の頑張りで、市場を民主主義の制御のもとに置く努力を重ねることには充分な理由がある。それは人類の存亡が懸かっているからである。

逆風に向かって、「人間国家」への道を希望と楽観主義を携えて歩み始めなければならない。ひとたび失った人間の世界を取り戻す「懐かしい未来」と、新しい人間の「生きる」という意味を求めて——。

参考文献

秋朝礼恵「1．出産・育児事情」岡沢憲芙、中間真一編『スウェーデン――自律社会を生きる人びと』早稲田大学出版部、二〇〇六年
アーネ・リンドクウィスト、ヤン・ウェステル／川上邦夫訳『あなた自身の社会――スウェーデンの中学教科書』新評論、一九九七年
磯田文雄『教育行政――分かち合う共同体をめざして』二〇一四年、ミネルヴァ書房
井手英策、半田正樹、菊地登志子編『交響する社会――「自律と調和」の政治経済学』ナカニシヤ出版、二〇一一年
宇沢弘文『岩波講座　転換期における人間（四）――都市とは』岩波書店、一九八九年
宇沢弘文『社会的共通資本』岩波書店、二〇〇〇年
宇沢弘文『ヴェブレン』岩波書店、二〇〇〇年
宇沢弘文「ヨーロッパにおける都市と自然のルネッサンス」『Discussion Journal「民主」』創刊号、民主党、二〇〇二年
大内秀明『知識社会の経済学――ポスト資本主義社会の構造改革』日本評論社、一九九九年
大島通義、神野直彦、金子勝編著『日本が直面する財政問題――財政社会学的アプローチの視点から』八千代出版、一九九九年
大住荘四郎『パブリック・マネジメント――戦略行政への理論と実践』日本評論社、二〇〇二年
岡沢憲芙『スウェーデンの挑戦』岩波書店、一九九一年
訓覇法子『スウェーデン人はいま幸せか』日本放送出版協会、一九九一年

訓覇法子『アプローチとしての福祉社会システム論』法律文化社、二〇〇二年
神野直彦『システム改革の政治経済学』岩波書店、一九九八年
神野直彦、金子勝編著『「福祉政府」への提言——社会保障の新体系を構想する』岩波書店、一九九九年
神野直彦、金子勝編著『財政崩壊を食い止める——債務管理型国家の構想』岩波書店、二〇〇〇年
神野直彦『「希望の島」への改革——分権型社会をつくる』日本放送出版協会、二〇〇一年
神野直彦『地域再生の経済学——豊かさを問い直す』中央公論新社、二〇〇二年
神野直彦『人間回復の経済学』岩波書店、二〇〇二年
神野直彦、澤井安勇編著『ソーシャル・ガバナンス——新しい分権・市民社会の構図』東洋経済新報社、二〇〇四年
神野直彦、井出英策編『希望の構想——分権・社会保障・財政改革のトータルプラン』岩波書店、二〇〇六年
神野直彦、宮本太郎編『脱「格差社会」への戦略』岩波書店、二〇〇六年
神野直彦『教育再生の条件——経済学的考察』岩波書店、二〇〇七年
神野直彦『「分かち合い」の経済学』岩波書店、二〇一〇年
神野直彦『税金常識のウソ』文藝春秋、二〇一三年
武田晴人『脱・成長神話——歴史から見た日本経済のゆくえ』朝日新聞出版、二〇一四年
玉野井芳郎『エコノミーとエコロジー——広義の経済学への道』みすず書房、一九七八年
玉野井芳郎『玉野井芳郎著作集（一）——（四）』学陽書房、一九九〇年
内閣府「平成二六年度　国民生活に関する生活調査」、二〇一四年
日本戦没学生手記編集委員会編『きけ　わだつみのこえ——日本戦没学生の手記』東大協同組合出版部、一九四九年

P・F・ドラッカー／上田惇生、佐々木実智男、田代正美訳『ポスト資本主義社会――21世紀の組織と人間はどう変わるか』ダイヤモンド社、一九九三年

広井良典『人口減少社会という希望――コミュニティ経済の生成と地球倫理』朝日新聞出版、二〇一三年

藤井威『スウェーデン・スペシャル［I］――高福祉高負担政策の背景と現状』新評論、二〇〇二年

ヘレン・エクスレイ編／中村妙子訳『希望のことば』偕成社、一九九九年

正村公宏『福祉国家から福祉社会へ――福祉の思想と保障の原理』筑摩書房、二〇〇〇年

文部省大臣官房『教育調査・第88集　リカレント教育――生涯学習のための戦略（OECD報告書）』文部省、一九七四年

Crouch,Colin and Streeck,Wolfgang ed. [1997] *Political Economy of Modern Capitalism: Mapping Convergence and Diversity*, Sage Publications, Incorporated.（コーリン・クラウチ、ウォルフガング・ストリーク編／山田鋭夫訳『現代の資本主義制度――グローバリズムと多様性』NTT出版、二〇〇一年）

Easterlin, Richard [1974] "Does Economic Growth Improve the Human Lot? Some Empirical Evidence," Paul A. David and Melvin W. Reder, eds., *Nations and Households in Economic Growth: Essays in Honor of Moses Abramovitz*, Academic Press.

Fourastie, Jean [1965] *Les 40,000 heures*, Robert laffont, Paris.（ジャン・フーラスティエ／長塚隆二訳『四万時間――未来の労働を予測する』朝日新聞社、一九六五年）

Fromm, Erich [1941] *Escape From Freedom*, Farrar & Rinehart, Inc.（エーリッヒ・フロム／日高六郎訳『新版　自由からの逃走』東京創元社、一九六五年）

Galbraith, John K. [1958] *The Affluent Society*, Houghton Mifflin.（ガルブレイス／鈴木哲太郎訳『ゆたかな社会』岩波書店、一九六〇年）

Goldscheid, R. [1926] "Stat, offentlichen Haushalt und Gesellschaft, Wesen und Aufgabe der Finanzwissenschaft vom

Standpunkte der Soziologie," *Handbuch der Finanzweissenschaft*, Bd. 1.

Hegel, Georg Wilhelm Friedrich [1821] *Grundlinien der Philosophie des Rechts.*（ヘーゲル／上妻精、山田忠彰、佐藤康邦訳『ヘーゲル全集　法の哲学（上）（下）』岩波書店、二〇〇〇、二〇〇一年）

Hesselbein, F. etc. ed. [1988] *The Community of the Future*, Jossey-Bass.（フランシス・ヘッセルバインほか編／加納明弘訳『未来社会への変革——未来の共同体がもつ可能性』フォレスト出版、一九九九年）

Kohn, Alfie [1992] *No Contest: The Case Against Competition*, Houghton Mifflin Company.（アルフィ・コーン／山本啓、真水康樹訳『競争社会をこえて——ノー・コンテストの時代』法政大学出版局、一九九四年）

Korpi, W. and Palme, J. [1998] "The Paradox of Redistribution and Strategies of Equality: Welfare State Institutions, Inequality and Poverty in the Western Countries." *American Sociological Review*, 63(5).

Korten, David C. [1995] *When Corporations Rule the World*, Kumarian Press.（デビット・コーテン／西川潤監訳、桜井文訳『グローバル経済という怪物——人間不在の世界から市民社会の復権へ』シュプリンガー・フェアラーク東京、一九九七年）

Lipietz, Alain [1989] *Choisir L'Audace: une alternative pour le vingt et unième siècle*, Éditions la Découverte.（アラン・リピエッツ／若森章孝訳『勇気ある選択——ポストフォーディズム・民主主義・エコロジー』藤原書店、一九九〇年）

Loebl, Eugen [1976] *Humanomics: How We Can Make the Economy Serve Us: Not Destroy Us*, Randam House.（エウゲン・ロエブル／斎藤志郎訳『ヒューマノミックス——経済学における人間の復権』日本経済新聞社、一九七八年）

Lovins, Amory B. [1977] *Soft Energy Paths: Toward a Durable Peace*, Penguin Books.（エイモリー・ロビンズ／室田泰弘、槌屋治紀訳『ソフト・エネルギー・パス——永続的平和への道』時事通信社、一九七九年）

Lundberg, Bo och Abram-Nilsson, Kerstin [1988] *Synvändor: om naturen, människan och helheten*, LTs förlag.（ブー・ルンドベリィ／川上邦夫訳『視点をかえて――自然・人間・全体』新評論、一九九八年）

Maslow, Abraham H. [1954] *Motivation and Personality*, Harper & Brothers.（A・H・マズロー／小口忠彦監訳『人間性の心理学』産業能率大学出版部、一九七一年）

McGregor, Douglas [1960] *The Human Side of Enterprise*, McGraw-hill.（ダグラス・マグレガー／高橋達男訳『企業の人間的側面――統合と自己統制による経営』産業能率短期大学出版部、一九六六年）

Meadows, Donella H. et al. [1972] *The Limits to Growth: A Report for the Club of Rome's Project on the Predicament of Mankind*, Universe Books.（ドネラ・H・メドウズほか／大来佐武郎監訳『成長の限界――ローマ・クラブ「人類の危機」レポート』ダイヤモンド社、一九七二年）

Mill, John Stuart [1884] *Principles of Political Economy*.（J・S・ミル／末永茂喜訳『経済学原理（四）』岩波書店、一九六一年）

OECD [2012] *Ecnomic Outlook 91*.

OECD [2012] *Revenue Statics 1965-2012*.

OECD [2012] *National Accounts*.

Petty, William [1690] *Political Arithmetick*.（ウィリアム・ペティ／大内兵衛、松川七郎訳『政治算術』岩波書店、一九七九年）

Polanyi, Karl [1944] *The Great Transformation*, Beacon Press.（カール・ポランニー／吉沢英成、野口建彦、長尾史郎、杉村芳美訳『大転換――市場社会の形成と崩壊』東洋経済新報社、一九七五年）

Putnam, Robert D. et al. [1993] *Making Democracy Work: Civic Traditions in Modern Italy*, Princeton University Press.（ロバート・D・パットナム／河田潤一訳『哲学する民主主義――伝統と改革の市民的構造』NTT出版、二〇〇一年）

Rousseau, Jean-Jacques Rousseau [1762] *Du Contrat Social ou Principes du Droit Politique.*（ルソー／桑原武夫、前川貞次郎訳『社会契約論』岩波書店、一九五四年）

Ruggie, John G. [1982] "International Regimes, Transactions, and Change: Embedded Liberalism in the Postwar Economic Order," *International Organization*, Volume 36.

Schumpeter, Joseph A. [1918] *Die Krise des Steuerstaates*, Leipzig.（シュムペーター／木村元一、小谷義次訳『租税国家の危機』岩波書店、一九八三年）

Schumpeter,Joseph A. [1950] *Capitalism, Socialism, and Democracy*, 3rd ed., Harper.（シュムペーター／中山伊知郎、東畑精一共訳『資本主義・社会主義・民主主義（上・中・下）〔原著第3版〕』東洋経済新報社、一九五一年）

Smith, Adam [1759] *The Theory of Moral Sentiments.*（アダム・スミス／水田洋訳『道徳感情論』筑摩書房、一九七三年）

Smith, Adam [1776] *An Inquiry into the Nature and Causes of the Wealth of Nations*, Clarendon Press.（アダム・スミス／水田洋監訳、杉山忠平訳『国富論（一）—（四）』岩波書店、二〇〇〇、二〇〇一年）

Statistics Sweden [2000] *Sweden 2000 A Knowledge Society.*

Steinmo. Sven [1993] *Taxation and Democracy: Swedish, British and American Approaches to Financing the Modern State*, Yale University Press.（スヴェン・スティンモ／塩崎潤、塩崎恭久共訳『税制と民主主義——近代国家の財政を賄うためのスウェーデン・イギリス・アメリカのアプローチ』今日社、一九九六年）

Steinmo, Sven [1995] *Why Tax Reform? Understanding Tax Reform in its Political and Economic Context.*

Thurow, Lester C. [1996] *The Future of Capitalism: How Today's Economic Forces Shape Tomorrow's World*, William Morrow and Company, Inc..（レスター・C・サロー／山岡洋一、仁平和夫訳『資本主義の未来』ＴＢＳブリタニカ、一九九六年）

Veblen, Thorstein [1899] *The Theory of the Leisure Class: An Economic Study of Institutions*, MacMillan.（T・ヴェブレン／小原敬士訳『有閑階級の理論』岩波書店、一九六一年）

Veblen, Thorstein [1904] *The Theory of Business Enterprise*, Charles Scribner's Sons.（T・ヴェブレン／小原敬士訳『企業の理論』勁草書房、一九六五年）

Wagner, Adolf [1883] *Finanzwissenschaft*, 3. Aufl., Teil 1, Leipzig.

Wagner, Adolf [1892] *Grundlagen der Volkswirtschaft, in Grundlegung der Politischen Ökonomie*, 3. Aufl., Teil 1, Leipzig.

Zaretsky, Eli [1973] "Capitalism, the Family, and Personal Life," *Socialist Revolution*, No.13-15.（E・ザレツキィほか／グループ７２１１訳『資本主義・家族・個人生活——現代女性解放論』亜紀書房、一九八〇年）

おわりに――曙光を期待して

滑走路を離陸する前から、パイロットが操縦席から気候の悪化という条件のもとで飛行することを告げていた。そんな機内放送が空《うつ》ろにしか耳に入らぬほどに、私の心は虚しさで溢れていた。本書の本文をゴールデン・ウィークを費やし、前日の夜遅くまでかかって脱稿させたにもかかわらずである。

「経済学で民主主義を語って欲しい」という本書の企画が、NHK出版の伊藤周一朗氏から持ち込まれた際に、私は考えもなく安易に引き受けてしまったのではないかという後悔の念が、私の心を虚しく包んでいたことは間違いない。しかし、何をなしていても、自分の心が晴れない理由を私は、よく理解している。それは昨年の九月一八日に、宇沢弘文先生が天に召されてしまったからである。

悪天候のもとで飛び立ったフライトの目的地は、宇沢先生が生まれ育った故郷、鳥取県の米子である。米子が近づくと、立ち込めていた暗雲が晴れて、秀峰大山《だいせん》が顔を出す。その緑なす山麓から青き中海《なかうみ》と美保湾に向かって、宇沢先生を育てた米子の自然と人びとの暮しが広がっている。

米子には宇沢先生の思想を学び合う「よなご宇沢会」がある。私の米子への旅は、野坂康夫米子市長に職員研修を依頼されたからである。ところが、中海《ちゅうかい》テレビの高橋孝之専務に誘われて、職員研修の翌日に、「よなご宇沢会」で講演をすることになったのである。

私は「よなご宇沢会」の活動に興奮した。それは「学びのコモンズ」であり、スウェーデンの「学習サークル」として展開されている国民教育活動そのものだったからである。

スウェーデンの民主主義は、「学習サークル」という国民運動によって支えられているといってもいいすぎではない。一九世紀後半の「大不況」のもとで、深刻な社会問題が生じると、スウェーデンでは「学習サークル」運動が展開されていく。「学習サークル」は「大不況」という経済的苦境を克服しようとすれば、仕事を終えた後に、酒に溺れ、自堕落な生活をしていたのでは不可能だとして誕生していく。

こうした「学習サークル」は、仕事を終え、酒を断って集う「読書サークル」から始まる。「学習サークル」の「学び」の手段は読書であり、「自由な個人の集まり」による「自由な討議と会話」で進められる。

「学習サークル」によって進められる国民教育運動は、禁酒運動と労働運動と絡み合いながら展開する。「学習サークル」は政治システムにおける「教養」を武器とした民主主義を推進する運動として展開し、労働運動さらには自由教会運動と結びついていく。つまり、「学習サークル」運動によって推進される国民教育運動は、政治システムにおいて民主化を進め、経済システムにおいて不況を克服する手段としての意義をもっていたのである。

スウェーデンが工業社会から知識社会へと転換する時期にも、国民教育運動としての「学習サークル」活動が重要な役割を果たしていく。一九九七年からスウェーデンが展開する「知識向上プロジェクト」でも、「学習サークル」は大きな役割を果たす。とくに情報技術関連の「学習サークル」への参加率が急増し、知識社会への職業転換を推進することを可能にしたのである。「学習サークル」は経済システムを工業社会から知識社会へ転換する上で、基軸的な役割を果たしただけではない。「学習サークル」は「学び合うコモンズ」であり、リーダーはいるけれども教師はいない。民主的な方法で運営されることにより、スウェーデンの「参加型」民主主義を醸成していったのである。

二〇〇三年に開かれた「学習サークル」は、三一万二〇〇〇サークルに及んでいる。「学習サークル」への参加者は、二五〇万人と報告されている。スウェーデンの人口は約九〇〇〇万人であり、スウェーデンの成人の二人に一人が「学習サークル」に通っているといわれている。

「よなご宇沢会」は「本の学校」と「テゴネット」という市民組織を経糸《たていと》に、中海テレビという地域メディアを緯糸《よこいと》にした錦として織りあげられている。「本の学校」は「知の地域づくりの夢を求めて」、「『本』との出会いを創り、育む」、「読書サークル」から始まった「学習サークル」の日本版である。

「テゴネット」とは「鳥取県西部広域交流ネットワーク」のことである。「手伝う」ことを意味する「てごする」という方言からもじって「テゴネット」と名づけられている。鳥取県西部の二市六町一村からテゴ人（世話人）が集い、福祉・教育、環境、過疎などの共同の困難に取り組み、「楽しく、安心して、快適に、豊かに、誇りをもって暮らせる地域社会を実現することを目的として」設立されている。まさに「参加型」民主主義の担い手である。

こうした「本の学校」と「テゴネット」という市民組織が、中海テレビという地域メディアによって結びつけられ、「よなご宇沢会」が運営されている。「よなご宇沢会」は「学び合うコモンズ」であり、宇沢先生の故郷には「参加型」民主主義が逞《たくま》しく息づいていたのである。

本書のテーマを「よなご宇沢会」が体現していることに、私は驚愕した。この出会いも、天に召された宇沢先生のお導きであることは間違いない。想い起こせば、私ほど恩師に恵まれた幸福者はあるまい。財政学の手ほどきを授けていただいた加藤三郎東京大学名誉教授を始め、林健久東京大学名誉教授、宮島洋東京大学名誉教授、さらには今は亡き佐藤進先生、加藤榮一先生の温かい励ましがなければ、私は学問を続けることすらできなかったであろう。そうした想いに胸を熱くしながら私は、美しき夕焼けに抱かれた米子を後にした。

翌日の朝早くから、私は東京大学医学部附属病院の眼科の検診を受けなければならなかった。昨年の一一月と一二月に、私は眼の手術のために、二度の入院生活を余儀なくされ、術後の定期検診を受けることになっていたからである。外来玄関から見上げると、五月晴《さつきば》れの五月にもかかわらず、その日の空は重く沈んでいた。

この検診で正常眼圧性の緑内障が進行していることが発見される。もちろん、放置すれば失明をする。進行を食い止めるために、これからは検査と治療を繰り返す生活となる。「目の敵《かたき》」という言葉がある。「目の敵」とは何かにつけて憎み、敵視することを意味している。私は自分の眼を「目の敵」としてきたような気がする。自分の学問が未熟なのは、書物すら碌《ろく》に読めない役立たずの眼のせいだとして、眼を憎み、敵視してきたからである。

私は四二の歳のときに、網膜剝離を患った。手遅れ状態だった。眼を摘出し、シリコンのリングで巻いて埋め戻している。見事な手術をしていただいた大阪市立大学の三木徳彦教授は、現代医学では治癒させることはできず、進行を食い止めることしかできないといって、私に深々と頭を下げられた。私は感動した。私は虫の良い願いだと思いながらも、六〇歳まで眼がもってくれることを神に祈ったものである。

私は来年で齢《よわい》七〇を迎える。私の眼は良く頑張ってくれたのだ。「目の敵」にするのではなく、良くやってくれたと誉めてやりたい。もう充分だ。後はゆっくり休んで欲しい。心から感謝を込めて、私は眼にそう告げたい。

私の学問が未熟なのは、眼のせいではない。眼を「目の敵」にして、私が学問的営為を怠ったからである。私は恩師だけではなく、先輩・友人にも恵まれていた。金子勝慶應義塾大学教授、片桐正俊中央大学教授、武田晴人東京大学教授という先輩の導きなしには今日の私はない。池上岳彦立教大学教授、大沢真理東京大学教授、訓覇法子日本福祉大学教授、小西砂千夫関西学院大学教授、沼尾波子日本大学教授、持田信樹東京大学教授など良き友人を挙げれば切りがない。それにもかかわらず、私の学問はあまりにも貧しい。
とはいえ、本書は恩師、先輩・友人の賜物である。もちろん、前述のようにNHK出版の伊藤氏が声をかけてくれなければ、本書は日の目をみなかった。伊藤氏は『「希望の島」への改革──分権型社会をつくる』以来、私と「生」を共にしてくれている。本書は前書の姉妹編である。伊藤氏の情熱に誘われなければ、眼を「目の敵」にしていた私には、本書をまとめることができなかったに違いない。

本書に限らず、眼の不自由な私が、原稿をまとめることができるのは、乾桃子さんと岡部佳子さんの尽力の賜物である。

眼を「目の敵」とせずに、「生」を意欲したいと思っても、私に残された「時」はわずかである。しかし、幸福なことには、私の志を継いでくれる多くの教え子たちがいる。

天羽正継高崎経済大学准教授、井手英策慶應義塾大学教授、永廣顕甲南大学教授、掛貝祐太慶應義塾大学大学院院生、川井真由神奈川県立松陽高等学校教諭、木村佳弘後藤・安田記念東京都市研究所研究員、倉地真太郎慶應義塾大学大学院院生、小西杏奈パリ第一大学院生、齊藤由里恵椙山女学園大学准教授、佐々木伯朗東北大学准教授、佐藤滋東北学院大学准教授、嶋田崇治下関市立大学講師、関口智立教大学教授、曹瑞林立命館大学教授、高端正幸埼玉大学教授、長嶋佐央里沖縄国際大学講師、福田直人東京大学社会科学研究所特任研究員、古市将人帝京大学講師、水上啓吾大阪市立大学大学院准教授、村松怜山形大学専任講師、宮崎雅人埼玉大学准教授、茂住政

一郎慶應義塾大学助教、山口隆太郎横浜国立大学大学院院生、兪和茨城大学教授は、私の希望である。彼らが未来に曙光《しょこう》をもたらすと信じている。

釈迦は人間の苦しみとして、「四苦八苦」を説いている。しかし、最も根源的苦しみは、四苦よりも八苦に加えられている「愛別離苦」にあると考える。つまり、愛する者と別れる苦しみである。死が恐怖なのは、愛する者と別れるからである。自分だけが二〇〇年も三〇〇年も生き、愛する者が死に絶えた世界を想像してみればよい。恐怖で生きることができないはずである。

私が「生」を意欲できるのは、老いたる父も母も健在で、愛する妻も子供たちも、孫たちも「生」あるからである。私は残された「時」を、可能な限り愛する者と「生」を共にしたい。

最後に私のためにのみ生きてきた妻和子には、心を込めて、せめて本書を捧げることにしたい。

盛夏のような五月に

神野直彦

神野直彦（じんの・なおひこ）
1946年、埼玉県生まれ。1981年、東京大学大学院経済学研究科博士課程修了。大阪市立大学助教授、東京大学教授、関西学院大学教授などを経て、現在、東京大学名誉教授、地方財政審議会会長。専攻は財政学。
著書に『システム改革の政治経済学』（岩波書店）、『財政学』（有斐閣）、『「希望の島」への改革』（NHKブックス）、『「分かち合い」の経済学』（岩波新書）、『税金常識のウソ』（文春新書）、『失われた30年』（共著、NHK出版新書）など多数。

NHK *BOOKS* 1231

「人間国家」への改革
参加保障型の福祉社会をつくる

2015（平成27）年6月25日　第1刷発行

著　者　神野直彦　©2015 Jinno Naohiko
発行者　溝口明秀
発行所　NHK出版
東京都渋谷区宇田川町41-1　郵便番号150-8081
電話 0570-002-246（編集）　0570-000-321（注文）
ホームページ　http://www.nhk-book.co.jp
振替　00110-1-49701
装幀者　水戸部 功
印　刷　三秀舎・近代美術
製　本　三森製本所

Printed in Japan　ISBN978-4-14-091231-7 C1333

NHK BOOKS

*自然科学

植物と人間 ―生物社会のバランス― 宮脇 昭
アニマル・セラピーとは何か 横山章光
ミトコンドリアはどこからきたか ―生命40億年を遡る― 黒岩常祥
免疫・「自己」と「非自己」の科学 多田富雄
生態系を蘇らせる 鷲谷いづみ
がんとこころのケア 明智龍男
快楽の脳科学 ―「いい気持ち」はどこから生まれるか― 廣中直行
心を生みだす脳のシステム ―「私」というミステリー― 茂木健一郎
脳内現象 ―〈私〉はいかに創られるか― 茂木健一郎
物質をめぐる冒険 ―万有引力からホーキングまで― 竹内 薫
確率的発想法 ―数学を日常に活かす― 小島寛之
算数の発想 ―人間関係から宇宙の謎まで― 小島寛之
日本人になった祖先たち ―DNAから解明するその多元的構造― 篠田謙一
交流する身体 ―〈ケア〉を捉えなおす― 西村ユミ
内臓感覚 ―脳と腸の不思議な関係― 福土 審
カメのきた道 ―甲羅に秘められた2億年の生命進化― 平山 廉
暴力はどこからきたか ―人間性の起源を探る― 山極寿一
最新・月の科学 ―残された謎を解く― 渡部潤一編著
細胞の意思 ―〈自発性の源〉を見つめる― 団 まりな
寿命論 ―細胞から「生命」を考える― 高木由臣
塩の文明誌 ―人と環境をめぐる5000年― 佐藤洋一郎／渡邉紹裕
水の科学［第三版］ 北野 康
太陽の科学 ―磁場から宇宙の謎に迫る― 柴田一成
形の生物学 本多久夫
ロボットという思想 ―脳と知能の謎に挑む― 浅田 稔
進化思考の世界 ―ヒトは森羅万象をどう体系化するか― 三中信宏
クジラは海の資源か神獣か 石川 創
ノーベル賞でたどるアインシュタインの贈物 小山慶太
女の老い・男の老い ―性差医学の視点から探る― 田中冨久子
イカの心を探る ―知の世界に生きる海の霊長類― 池田 譲
生元素とは何か ―宇宙誕生から生物進化への137億年― 道端 齊
土壌汚染 ―フクシマの放射線物質のゆくえ― 中西友子
有性生殖論 ―「性」と「死」はなぜ生まれたのか― 高木由臣
自然・人類・文明 F・A・ハイエク／今西錦司
新版 稲作以前 佐々木高明
納豆の起源 横山 智

※在庫品切れの際はご容赦下さい。

NHK BOOKS

*文学・古典・言語・芸術

日本語の特質　金田一春彦
言語を生みだす本能(上)(下)　スティーブン・ピンカー
思考する言語―「ことばの意味」から人間性に迫る―(上)(中)(下)　スティーブン・ピンカー
小説入門のための高校入試国語　石原千秋
評論入門のための高校入試国語　石原千秋
ドストエフスキイ―その生涯と作品―　埴谷雄高
ドストエフスキー　父殺しの文学(上)(下)　亀山郁夫
英語の感覚・日本語の感覚―〈ことばの意味〉のしくみ―　池上嘉彦
英語の発想・日本語の発想　外山滋比古
英文法をこわす―感覚による再構築―　大西泰斗
バロック音楽―豊かなる生のドラマ―　礒山　雅
絵画を読む―イコノロジー入門―　若桑みどり
フェルメールの世界―17世紀オランダ風俗画家の軌跡―　小林頼子
子供とカップルの美術史―中世から18世紀へ―　森　洋子
絵画の二十世紀―マチスからジャコメッティまで―　前田英樹
映像論―〈光の世紀〉から〈記憶の世紀〉へ―　港　千尋
形の美とは何か　三井秀樹
かたちの日本美―和のデザイン学―　三井秀樹
琳派のデザイン学　三井秀樹
刺青とヌードの美術史―江戸から近代へ―　宮下規久朗
ロシア文学の食卓　沼野恭子
シュルレアリスム絵画と日本―イメージの受容と創造―　速水　豊
冷泉家・蔵番ものがたり―「和歌の家」千年をひもとく―　冷泉為人
オペラ・シンドローム―愛と死の饗宴―　島田雅彦
歌舞伎の中の日本　松井今朝子
伝える！　作文の練習問題　野内良三
新版　論文の教室―レポートから卒論まで―　戸田山和久
宮崎駿論―神々と子どもたちの物語―　杉田俊介
万葉集―時代と作品―　木俣　修
西行の風景　桑子敏雄

※在庫品切れの際はご容赦下さい。

NHK BOOKS

*歴史（I）

出雲の古代史　門脇禎二
法隆寺を支えた木　西岡常一／小原二郎
「明治」という国家（上）（下）　司馬遼太郎
「昭和」という国家　司馬遼太郎
日本文明と近代西洋―「鎖国」再考―　川勝平太
百人一首の歴史学　関　幸彦
戦場の精神史―武士道という幻影―　佐伯真一
知られざる日本―山村の語る歴史世界―　白水　智
日本という方法―おもかげ・うつろいの文化―　松岡正剛
高松塚古墳は守れるか―保存科学の挑戦―　毛利和雄
関ヶ原前夜―西軍大名たちの戦い―　光成準治
江戸に学ぶ日本のかたち　山本博文
天孫降臨の夢―藤原不比等のプロジェクト―　大山誠一
親鸞再考―僧にあらず、俗にあらず―　松尾剛次
陰陽道の発見　山下克明
女たちの明治維新　鈴木由紀子
山県有朋と明治国家　井上寿一
明治〈美人〉論―メディアは女性をどう変えたか―　佐伯順子
『平家物語』の再誕―創られた国民叙事詩―　大津雄一
歴史をみる眼　堀米庸三
天皇のページェント―近代日本の歴史民族誌から―　T・フジタニ
禹王と日本人―「治水神」がつなぐ東アジア―　王　敏
江戸日本の転換点―水田の激増は何をもたらしたか―　武井弘一

*歴史（II）

人類がたどってきた道―〝文化の多様化〟の起源を探る―　海部陽介
アメリカ黒人の歴史　ジェームス・M・バーダマン
十字軍という聖戦―キリスト教世界の解放のための戦い―　八塚春児
異端者たちの中世ヨーロッパ　小田内　隆
フランス革命を生きた「テロリスト」―ルカルパンティエの生涯―　遅塚忠躬
文明を変えた植物たち―コロンブスが遺した種子―　酒井伸雄
世界史の中のアラビアンナイト　西尾哲夫
「棲み分け」の世界史―欧米はなぜ覇権を握ったのか―　下田　淳

※在庫品切れの際はご容赦下さい。

NHK BOOKS

*政治・法律

日本外交の軌跡　細谷千博
現代民主主義の病理―戦後日本をどう見るか―　佐伯啓思
外交と国益―包括的安全保障とは何か―　大江　博
国家論―日本社会をどう強化するか―　佐藤　優
未来派左翼―グローバル民主主義の可能性をさぐる―(上)(下)　アントニオ・ネグリ
マルチチュード―〈帝国〉時代の戦争と民主主義―(上)(下)　アントニオ・ネグリ/マイケル・ハート
コモンウェルス―〈帝国〉を超える革命論―(上)(下)　アントニオ・ネグリ/マイケル・ハート
叛逆―マルチチュードの民主主義宣言―　アントニオ・ネグリ/マイケル・ハート
ODAの現場で考えたこと―日本外交の現在と未来―　草野　厚
現代ロシアを見る眼―「プーチンの十年」の衝撃―　木村　汎/袴田茂樹/山内聡彦
中東危機のなかの日本外交―暴走するアメリカとイランの狭間で―　宮田　律
ポピュリズムを考える―民主主義への再入門―　吉田　徹
戦争犯罪を裁く―ハーグ国際戦犯法廷の挑戦―(上)(下)　ジョン・ヘーガン
中東　新秩序の形成―「アラブの春」を超えて―　山内昌之
「デモ」とは何か―変貌する直接民主主義―　五野井郁夫
権力移行―何が政治を安定させるのか―　牧原　出
国家緊急権　橋爪大三郎
自民党政治の変容　中北浩爾
未承認国家と覇権なき世界　廣瀬陽子

*経済

分断される経済―バブルと不況が共存する時代―　松原隆一郎
考える技術としての統計学―生活・ビジネス・投資に生かす―　飯田泰之
生きるための経済学―〈選択の自由〉からの脱却―　安冨　歩
資本主義はどこへ向かうのか―内部化する市場と自由投資主義―　西部　忠
ドル・円・ユーロの正体―市場心理と通貨の興亡―　坂田豊光
日本銀行論―金融政策の本質とは何か―　相沢幸悦
雇用再生―持続可能な働き方を考える―　清家　篤
希望の日本農業論　大泉一貫

※在庫品切れの際はご容赦下さい。

NHK BOOKS

＊教育・心理・福祉

子どもの世界をどうみるか―行為とその意味― 津守 真
不登校という生き方―教育の多様化と子どもの権利― 奥地圭子
子どもの絵は何を語るか―発達科学の視点から― 東山 明／東山直美
身体感覚を取り戻す―腰・ハラ文化の再生― 斎藤 孝
子どもに伝えたい〈三つの力〉―生きる力を鍛える― 斎藤 孝
〈育てられる者〉から〈育てる者〉へ―関係発達の視点から― 鯨岡 峻
愛撫・人の心に触れる力 山口 創
フロイト―その自我の軌跡― 小此木啓吾
色と形の深層心理 岩井 寛
孤独であるためのレッスン 諸富祥彦
内臓が生みだす心 西原克成
人間の本性を考える―心は「空白の石版」か―(上)(中)(下) スティーブン・ピンカー
母は娘の人生を支配する―なぜ「母殺し」は難しいのか― 斎藤 環
福祉の思想 糸賀一雄
アドラー 人生を生き抜く心理学 岸見一郎

＊社会

デザインの20世紀 柏木 博
「希望の島」への改革―分権型社会をつくる― 神野直彦
嗤う日本の「ナショナリズム」 北田暁大
新版 図書館の発見 前川恒雄／石井 敦
社会学入門―〈多元化する時代〉をどう捉えるか― 稲葉振一郎
ウェブ社会の思想―〈遍在する私〉をどう生きるか― 鈴木謙介
新版 データで読む家族問題 湯沢雍彦／宮本みち子
現代日本の転機―「自由」と「安定」のジレンマ― 高原基彰
メディアスポーツ解体―〈見えない権力〉をあぶり出す― 森田浩之
議論のルール 福澤一吉
「韓流」と「日流」―文化から読み解く日韓新時代― クォン・ヨンソク
希望論―2010年代の文化と社会― 宇野常寛・濱野智史
ITが守る、ITを守る―天災・人災と情報技術― 坂井修一
団地の空間政治学 原 武史
図説 日本のメディア 藤竹 暁
ウェブ社会のゆくえ―〈多孔化〉した現実のなかで― 鈴木謙介
情報社会の情念―クリエイティブの条件を問う― 黒瀬陽平
未来をつくる権利―社会問題を読み解く6つの講義― 荻上チキ
新東京風景論―箱化する都市、衰退する街― 三浦 展
日本人の行動パターン ルース・ベネディクト
「就活」と日本社会―平等幻想を超えて― 常見陽平
現代日本人の意識構造［第八版］ NHK放送文化研究所 編

※在庫品切れの際はご容赦下さい。